고객의 언어

고객의 언어

고객의 진짜
메시지는 무엇인가?

이진국 지음

북카라반
CARAVAN

머리말
왜 '고객의 언어'인가?

얼마 전 만났던 개업의 친구가 "요즘 '신환'이 계속 늘어서 좋아"라고 하는데, 처음엔 못 알아들었다. 그런데 친구 앞에 있던 다른 의사 친구는 알아듣고 웃는 게 아닌가? 궁금해서 '신환'이 뭐냐고 물었더니 '신규 환자'라고 한다.

클라우드 분야 클라이언트 기업의 업무를 진행하고 데이터를 분석해보면 산업계마다 표현의 특징이 있다. 대표적으로 공공기관 담당자들은 클라우드 분야를 표현할 때 '퍼블릭 클라우드, 프라이빗 클라우드'라는 용어를 많이 쓴다. 반면 일반 기업의 담당자들은 '벤더(클라우드 서비스나 솔루션 제공 회사)의 이름, 서버·네트워크 가

상화' 등의 좀더 직접적이고 구체적인 이름이나 분야 언어를 많이 쓴다.

의료업계의 임원으로 있는 지인은 "대형병원 의사들은 회신이 너무 느리다. 보낸 메시지나 이메일에 2주가 넘도록 대답을 안 한다"고 토로했다. 그러나 생각해보면 대형병원 의사들만큼 일이 많고 바쁜 사람이 또 있을까? 그래서 대형병원 의사들과 일할 때 필요한 언어는 '기다림'이다.

직업마다 특정한 언어 습관이 있고, 개인도 누구나 자기만의 언어와 습관이 있다. 고객도 고객의 언어 습관이 있고 '그들만의 언어'가 있다. 기업 조직 내 여러 담당자를 접하는 세일즈를 하면서 느끼는 언어의 패턴을 보면 조직 내 고객들도 일정한 언어의 반복이나 강조가 있다는 것을 발견하게 된다. "검토하고 연락드리겠습니다." "내부적으로 협의해보고 말씀드릴게요." "필요하기는 한데 대표님이 어떻게 생각하실지 모르겠네요." 아마 이런 표현을 한 번쯤은 들어봤을 것이다. 그럼 이때 고객의 언어가 뜻하는 바는 무엇일까? 내 물건을 산다는 의미일까? 그냥 생각해보겠다는 뜻일까?

우리가 어디서 어떻게 누구와 만나든 대화가 잘 이루어지려면 '말귀(말을 알아듣는 귀)'가 필요하다. 어쩌다 홈쇼핑을 보면 유창하게 제품을 설명하는 쇼호스트가 나온다. 쇼호스트의 모습을 보며

'와, 말 잘한다'고 생각하며 멍하니 쳐다보기도 한다. 그렇다면 쇼 호스트처럼 유창하게 말하는 것이 무조건 최우선일까? 우리가 고객과 대화할 때는 일방적으로 말을 전달하는 것보다 서로 이야기하는 상황인 경우가 많다. 따라서 고객의 '말귀(말이 뜻하는 내용)'를 알아들을 필요가 있다. 일단 말귀가 트이려면 언어에 대한 이해가 필요하다. 언어가 통하지 않으면 소통에 진전이 없다.

인도네시아는 1만 7,508개의 섬으로 이루어져 있고, 동서東西 간 거리가 5,000킬로미터 이상이 된다. 통합체에 가까웠던 이 지역이 식민지배에서 1945년 독립과 함께 하나로 통일되는 과정에서, 인도네시아어로 '언어의 통일'과 진흥이 큰 역할을 했다. 인도네시아는 현재 G20 국가 중 하나다. 인도네시아어는 본래 교역 목적의 언어로 사용되었고, 익히기 쉬운 특징을 갖고 있어 통일 언어로 지정되었다. 언어는 소통의 핵심이다.

언어가 통한다면 그다음은 무엇이 필요할까? 일본에서는 정치인들의 언어를 분석해서 미래의 가능성을 가늠한 예가 있다. 일본의 어느 신문이 국회의원들의 발언 기록을 분석한 결과 재선에 실패한 의원들은 '가르치다'라는 동사를 많이 썼고, 성공한 의원들은 '여쭈다', '계신다' 등의 정중한 동사를 많이 썼다고 한다. 연구팀은 언어 습관에 대한 분석만으로도 다음 선거에서 재선 여부를 60퍼

머리말

센트의 확률로 판단할 수 있었다. 사람의 언어는 미래까지도 점칠 수 있을 만한 어떤 특정한 의미를 내포한다. 이처럼 상대방의 언어를 이해하고 통찰을 얻고 그들의 언어를 잘 활용한다면, 원하는 것을 얻을 확률이 훨씬 높아진다는 것을 알 수 있다.

고객의 언어는 세일즈에서 중요한 실마리가 된다. 그렇다면 고객의 언어를 어떻게 알고 이해할 수 있을까? 인공지능 기반으로 세일즈 대화를 분석해서 고객의 언어 속 통찰을 찾아낼 수 있다면 어떨까? 그게 가능할까 싶지만, 놀랍게도 이러한 질문에 답이 가능한 솔루션이 개발되고 있다. '보다 비VODA BI'라는 이 개발 방법론은 최근 특허로 등록되었는데, 이 솔루션을 통해 카테고리(Budget[예산], Authority[의사결정권], Needs[수요], Timeline[일정], Competition[경쟁], Question[고객의 질문], BANTCQ)별 고객이 사용하는 주요 언어와 세일즈 성사 가능성에 대한 스코어링과 다음 세일즈 단계의 질문·제안 추천 등의 혜택을 얻게 된다. 2018년 중소벤처기업부가 이 기술 가능성을 평가하고 투자를 결정했다. 북미권에서는 대화 분석 솔루션이 다수 출시되어 많은 세일즈맨이 활용하고 있다. 이처럼 고객의 언어를 기반으로 하는 세일즈 분석과 활용은 산업계의 커다란 흐름이기도 하다.

이 책에서는 고객의 언어를 이해하는 방법, 각 산업 분야에서 리

더가 된 사람들의 이야기와 함께 언제 어떻게 고객의 언어를 습득하고 활용하는지 알아보려고 한다. 우리가 만나는 모든 고객은 자신도 모르는 사이에 '중요도'가 높은 어떤 특정한 표현을 쓴다. 이러한 언어의 특성과 그 포인트를 어떻게 찾을 수 있을까? 고객이 진정 원하는 게 무엇인지 알고 싶어도 좀처럼 답을 얻기가 어려울 때가 많다.

현장에서 치열하게 고객과 만나는 세일즈맨들이 '고객의 언어를 놓쳐서 겪게 된 아픈 경험', '난처한 상황에 어떻게 대처하는지' 등 고객의 언어를 획득하고 분석하고 그들의 살아 있는 이야기를 많이 담고자 노력했다. 독자들은 이 책을 읽는 과정에서 자연스럽게 고객의 언어를 습득하고 또 그것을 소화하는 방법을 터득하게 될 것이다.

또한 고객에게 근본적이면서도 구체적으로 어떤 언어가 통하는지를 조금이라도 더 알차게 전하고자 각 산업계 전문가들을 인터뷰해 그들의 통찰과 조언을 담았다. 인터뷰에 성심껏 응해주신 각계 전문가 한 분 한 분께 다시 한번 깊은 감사의 말씀을 전한다.

IT 전문방송 토크아이티 고우성 대표님, 커뮤니케이션과 PR 전문기업 플레시먼힐러드·케첨코리아 박영숙 대표님, 머신러닝 기반의 위험탐지 보안 솔루션 다크트레이스코리아 서현석 대표님,

전직 은행원으로 푸르덴셜생명의 7년 연속 판매왕을 기록한 송성
환 이사님, 크리에이티브 마케팅과 문서 관리 전문 솔루션 기업 어
도비코리아 고객 성공Customer Success 총괄 유재구 상무님, 인공지
능 기반 로봇을 이용한 프로세스자동화솔루션 RPA 전문기업 한국
소프토모티브 이문형 지사장님, 인공지능 마케팅 전문기업 데이터
마케팅코리아 이진형 대표님, 임상연구를 위한 클라우드 솔루션과
데이터 분석 전문기업 메디데이터코리아 임우성 대표님, 후지필름
일렉트로닉이미징코리아를 이끄는 임훈 대표님, 한기훈 미디어커
뮤니케이션연구소 한기훈 대표님, 특히 최근 정년퇴임 후 수많은
기업의 강의 요청이 쇄도해 왕성하게 강연 활동을 하고 계신 '철학
경영'의 대가 전 연세대학교 철학과 김형철 교수님은 많은 통찰을
아낌없이 나눠주셨다. 철학 교수가 이야기하는 고객의 언어가 궁
금한 독자들에게 좋은 참고가 될 것이다.

이 책이 고객을 얻고 싶은 비즈니스맨과 세일즈맨에게 세일즈
맨만의 언어가 아닌 고객의 언어가 가지는 힘을 느끼고 알게 되는
계기가 되기를 바란다. 또한 세일즈의 세계로 뛰어들고자 하는 취
업 준비생과 예비 창업인에게도 좋은 참고가 되기를 바란다.

차례

Chapter 1

열심히 했는데
왜
자꾸 실패할까?

같은 말, 다른 말

오피스 클라우드라고요?

철학 경영의 대가이자 『최고의 선택』의 저자인 김형철 교수는 세일즈를 하려면 우선 '고객의 제품 사용설명서'를 구하라고 조언한다. 고객과 기업마다 내 제품이 사용되고 있는 모습과 부르는 이름이 다르니, 그것을 안다면 우리 제품을 판매할 기회가 더 커질 수 있다는 뜻에서다.

　"오피스 클라우드는 쓰고 있어요."

　"무슨 말인가요?"

내가 대표로 일하는 제이케이엘컴퍼니는 B2B(기업과 기업 사이의 거래) 세일즈를 전문으로 한다. 당시 한 IT 기업에서 중소기업을 대상으로 개발한 솔루션을 세일즈해달라는 의뢰를 받았고, 담당 매니저가 한 중소기업에 세일즈콜을 하던 중이었다. 그런데 그쪽 기업 담당자에게서 '오피스 클라우드'라는 생소한 단어를 들은 것이다.

알고 보니 고객은 '오피스365(마이크로소프트의 엑셀, 워드 등 오피스 제품의 클라우드 버전)'를 오피스 클라우드라고 부르고 있었다. 이처럼 고객들이 오피스365 제품을 부르는 방식은 저마다 달랐다. 'O365' 또는 '365', '오피스 프로그램'이라고 부르기도 한다. 활용하는 방식도 천차만별이었다. 어떤 회사는 전체 회사 직원의 커뮤니케이션 시스템으로까지 사용했고, 어떤 회사는 단순히 표를 만들어서 문서를 보내는 용도로 쓰고 있었다.

이처럼 프로그램의 정확한 명칭과 용도가 실제 소비자들이 사용하는 명칭과 용도와 서로 다른 경우를 현장에서 참 많이 본다. 이런 현상은 일상에서도 쉽게 찾을 수 있다. 나는 중학생과 초등학생 두 딸이 있는데, 우리 딸들은 삼성전자에서 만든 갤럭시탭을 '패드'라고 부른다. 애플의 아이패드가 워낙 이러한 제품 영역을 지배하고 있기 때문이리라 생각하고, 나도 그냥 "응, 그래 패드, 잠깐 줘

봐"라고 한다.

제품이 만들어진 원래 용도가 아니라 전혀 다른 용도로 쓰이기도 한다. 책장에 곱게 꽂혀 있어야 할 책들은 모니터 밑에 들어가서 받침대 역할을 하고 있다. 테니스공은 소음 방지를 위해 의자 다리를 물고 있기도 하다. 소주병이 참기름 또는 들기름을 담는 병으로 변해 있는 경우는 또 얼마나 많은가.

제품을 만든 사람으로서는 자신의 제품이 이처럼 다양한 용도로 쓰이고 다양한 이름으로 불릴지 처음에는 상상조차 하지 못했을 것이다. 어찌 보면 이것은 제품 생산자와 소비자(고객) 사이의 간극을 잘 보여주는 예일 것이다. 우리가 생산자 입장에서 벗어나 고객의 생각과 말을 이해해야 한다는 필요성을 증명하는 예이기도 하다.

고객은 제품 생산자와 세일즈맨이 전혀 예상치 못하는 방식의 사용법과 명칭을 가지고 있다. 제품을 만든 건 생산자이지만, 사용하는 이는 고객이다. 그들이 그것을 어떻게 활용하는지, 어떻게 부르는지 알고 마케팅과 세일즈에 활용한다면, 고객 접점은 훨씬 넓어지고 고객들은 우리를 더욱 가깝게 느낄 것이다. 고객의 제품 사용 방식(인식, 이슈, 부르는 말)이 다를 수 있다는 것이 우리가 고객의 언어를 제대로 알아야 하는 이유다.

고객과 '같은 언어'를 쓴다는 것

딸의 생일을 축하하면서 "가람아, 생축!"이라고 말했더니 딸은 '아빠가 웬일이지?'라는 표정으로 바라보았다. 그도 그럴 것이 나는 요즘 유행하는 줄임말을 거의 쓰지 않기 때문이다. 나중에 딸에게 '아빠에게서 줄임말을 들은 소감'을 물어보았다.

"아빠가 너희가 쓰는 말을 사용하니 어땠어?"

"음 뭐랄까, 좀 친근하다는 기분이 들긴 하네."

친한 척해보려는 아빠에게 사춘기 소녀의 응답은 역시 호락호락하지 않다. 줄임말 한마디로 아빠와 딸의 '모호하고 어려운 간격'이 바로 좁혀지는 건 아니지만, 그래도 딸이 아빠의 노력을 알아주었다는 것만으로도 의미가 있지 않을까. 이 작은 시도를 첫걸음으로 조금씩 더 친숙해지는 변화가 생길지도 모른다.

고객과의 관계도 마찬가지다. 고객이 사용하는 언어를 세일즈맨이 사용한다는 것만으로도 고객-생산자 혹은 고객-세일즈맨의 머나먼 거리가 좁혀질 수 있다. 아예 쓰지 않는 것보다는 가능성이 더 커진다.

고객들이 쓰는 언어는 무엇일까? 단어 하나에 따라 결과가 달라지고, 관심 콘텐츠에 따라 반응이 달라진다. 호텔 업계 세일즈를 하면서 업계에서 영업과 마케팅 담당자를 칭하는 DOSMDirector of Sales & Marketing이라는 단어 하나와 핵심 콘텐츠가 준 효과를 체감했다. 우리는 호텔 담당 진입 단계부터 어려움을 겪으면서 그들을 상대하기 위해서는 그들이 사용하는 언어를 써야 한다는 결론을 내렸다. 그래서 우선 진입 단계의 언어를 바꿨다. "DOSM 부탁드립니다." 그러자 전화를 받은 상대방은 '내가 누구인지 어디서 전화했는지' 물어보지도 않고 담당자를 바꿔준다. 담당자와 대화할 때도 DOSM이라는 언어를 쓰고, 관심이 있을 만한 업무 관련 콘텐츠killer contents를 강조한다. 결과는 대성공이다. 언어를 교체한 것만으로 그간 경험해온 고객 연결 중 가장 높은 성공률을 보였다.

업계에서 사용하는 현장 언어를 안다는 것은 네 가지 측면에서 비즈니스에 큰 도움이 된다. 첫째, 진입이 자연스럽다. 둘째, 전문가로 인식 받을 수 있다. 셋째, 동질감을 얻을 수 있다. 넷째, 고객이 세일즈맨을 자기편이라고 생각하게 된다.

그렇다면 고객의 언어를 알기 위해 어떻게 해야 할까? 김형철 교수는 "그들의 언어를 모른다면, 물어라"라고 조언한다. 실제로 그는 수업 중 학생들과 대화하다가 모르는 용어가 나오면 바로 질문하는 편이다.

"인싸? 잘 쓰는 말인 거 같은데 그게 뭐니?"

교수님이 물으니 수업을 듣는 학생들은 깔깔대며 좋아했고, 성심성의껏 답을 했다. 어설프게 아는 척하는 것보다 모를 때는 물어보고 가르침을 받는 것이 훨씬 좋을 때가 많다. 고객의 언어를 묻고, 고객의 언어를 알고, 고객의 언어를 쓰자.

간과

공감을 만드는 오프닝의 열쇠

커뮤니케이션과 PR 전문기업 플레시먼힐러드·케첨코리아의 박영숙 대표는 중요한 고객사의 대표를 처음 만나게 되었다. 만나기 전 인터넷을 통해 고객사의 정보를 꼼꼼하게 살폈고, 그런 와중에 흥미로운 사실을 알게 되었다. 이후 고객사 대표를 만난 자리에서 박 대표는 다음과 같은 말을 꺼냈다.

"제 생일이 ○○년 ○월 ○일인데요. 저랑 생일이 같으시더라고요."

그 말을 들은 고객사 대표는 활짝 웃음을 지었다.

"아, 그러세요? 정말 신기하네요. 하하."

고객사 대표는 박 대표에게 호의적인 태도를 보였고, 덕분에 매우 유쾌한 분위기가 이어질 수 있었다. 주제가 가볍지 않았기 때문에 자칫 무거워질 수도 있었던 회의 분위기가 밝아졌고, 이야기를 좀더 편하게 풀어갈 수 있게 되었다. 이는 박 대표가 사전에 고객사와 대표의 정보를 꼼꼼하게 조사한 덕분이었다.

B2B 고객 발굴을 전문으로 하는 제이케이엘컴퍼니는 잠재 고객에게 전화하기 전 사전 정보 조사 과정을 필수적으로 거친다. 홈페이지, 언론 보도, 블로그 등을 본다. 아주 많은 시간이 걸릴 것 같지만, 1분이면 얻을 수 있는 중요한 정보가 널려 있다. 어떤 경우는 "이번에 고객 서비스 대상을 수상하셨던데요. 축하드립니다"라고 했을 때, 그 회사의 담당 직원이 "저희가요? 그랬군요. 요즘 바빠서 사내 게시판도 못 보고 있었네요. 하하"라고 할 때도 있다. 이처럼 중요한 정보가 사내에 소통이 되지 않는 경우, 오히려 세일즈맨이 회사 내부 정보를 더 다양하고 자세하게 알 때도 있다. 그래서 때로는 고객사의 구매 담당자가 "요즘 ○○공장 쪽 분위기는 어때요?"라고 회사에 자주 방문하는 세일즈맨에게 물어보기도 한다.

적극적으로 권하는 방식은 아니지만 지인 찬스를 써보는 것도 좋겠다. 우리나라는 세 명만 거치면 아는 사람이라는 말을 할 정도로 인간관계가 얽히고설켜 있다. 내가 만나는 사람의 개인적인 배경이 중요하다면, 지인들에게 수소문해보는 것도 좋다. 다만 여러분이 지인 찬스를 남발하면 지인에게만 의존하며 세일즈 범위에 한계를 두게 되고, 기존의 좋은 관계가 나빠질 수도 있으니 유의해서 사용하는 게 좋다.

고객이 보여주는 모든 것이 언어다

IT 전문방송 토크아이티의 고우성 대표가 세일즈 초년생이던 시절, H공사의 과장을 처음 만나는 자리였다. 미팅 자리에 나온 잠재 고객사 과장의 표정이나 행동을 보니 딱 '아, 오늘 이 미팅 싫은데……' 하고 생각하는 모양새였다. 이야기를 어떻게 풀어갈지 고민하던 고 대표는 인사를 하고 자리에 앉으며 과장의 모습을 살피던 중 뭔가를 발견한다. 바로 과장이 쓰는 볼펜이었다. 흰색 몸체에 검은색 머리와 다리를 한 육각 모나미 볼펜이었다. 무심코 지나칠수 있는, 누구나 흔히 쓰는 볼펜이었지만 그는 놓치지 않았다. 담당 과장은 앉자마자 퉁명스럽게 입을 열었다.

"오늘 왜 오셨어요? 저희 사용하는 데이터베이스 있는데……."

기회의 문은 닫히고 마는 걸까? 이에 고 대표는 이렇게 답했다.

"커피 한 잔 주십시오. 기왕에 왔으니 커피 한 잔만 마시고 가겠습니다."

고 대표는 당찬 목소리로 어색한 자리를 정리한다. 커피 한 잔을 마신 다음 "안녕히 계십시오" 하고 다음을 기약하며 그 자리를 나왔다.

두 번째 만남의 자리, 과장 앞에는 여전히 모나미 볼펜이 놓여 있었다. 고 대표는 앉으면서 불쑥 과장 앞으로 손을 뻗어 뭔가를 건넸다. 바로 파카 볼펜이다.

"과장님, 이거 하나 쓰시겠어요? 제가 같은 게 두 개 있어서요. 하하."

과장은 자신의 모나미 볼펜을 쳐다보며 머쓱하긴 해도 싫은 눈치는 아니다. 몇 천 원짜리 볼펜에 큰 대가성이 있어 보이지도 않으니 "뭐 이런 걸……" 하면서도 받았다. 덕분에 분위기가 부드러워졌고, 고 대표는 그날 처음으로 과장과 업무 이야기를 할 수 있었다.

세 번째 만남의 자리, 과장은 연필 한 다스를 고 대표에게 건넸다.

"누가 일본에서 사다준 건데, 애 있으면 주세요."

둘은 함께 웃었다. 그다음부터 이야기는 아주 부드럽게 흘러갔다. 이후 고 대표는 H공사와 비즈니스 계약을 맺고 업무를 진행할 수 있었다. 고가의 명품 펜은 아니지만 파카 볼펜의 위력은 컸다. 경계심과 거부감이 가득한 공공기관 담당자의 높은 마음의 벽을 허문 것이다.

고객의 입에서 나온 말만이 정보는 아니다. 고객의 그날 복장, 표정, 소지하고 있는 물품, 제스처 모든 것이 고객의 상황을 알려주는 언어이자 정보다. 그러니 미팅 자리에 나가면 그냥 있지 말고 고객의 머리끝부터 발끝까지 관찰하라. 물론 고객이 눈치채지 못하도록 자연스럽게 말이다. 그런 관찰을 통해 뜻하지 않게 고객과 접점을 찾을 수 있다. 우리 회사의 운영 매니저들도 이러한 고객 정보를 십분 활용한다.

"오늘 스카프가 분위기와 참 잘 어울리시네요. 하하."

굴지의 보험사에서 세일즈 경험이 있는 A매니저는 보험 세일즈맨 시절, 고객을 만났을 때 고객의 신발·스카프·액세서리를 칭찬했다고 한다. 좋은 전략이다. 외모에 대한 언급에 자칫 언짢아하지 않을까 싶겠지만, 자신을 둘러싸고 있는 요소를 칭찬해주면 대부분 기분 좋아한다. 가장 무난하고 활용하기 쉬운 칭찬 방법이다.

우리는 보통 내가 할 이야기나 내 것만 주시하다 보니 고객이 보내는 많은 '신호'를 놓친다. 고객의 말도 언어지만 고객의 외부 모습도 '고객의 언어'다. 특히 첫 미팅이라면 고객의 모습을 스캔하라. 고객과 만나는 출발선에서 기회의 끈을 놓치지 말고 최선을 다하라. 관찰로 인해서 내가 알 수 있는 것이 생각보다 많다. 고객은 이미 내게 많은 것을 보여주고 표현하고 있다. 고객은 어쩌면 내게 소통의 실마리를 주고 있을지 모른다.

고객의 소리가 성공의 근원이다

2015년 내 첫 책의 강연장에서, 오피스 푸드테크 기업으로 거듭나는 스타트업 회사 '밴디스'의 대표가 영업 직원들을 모두 데리고 와서 인사를 한 적이 있다. 이 회사는 2018년 60억이 넘는 투자(누적 107억)를 받는 성공 스타트업이 되었다. 조정호 대표는 성공의 기반이 '고객의 소리를 들은 것'이라고 했다.

아직 30대 초반의 청년 CEO는 고객의 소리를 들었다. 그는 고객이 불편해하는 식권 관리의 어려움을 모바일 식권으로 풀어주고 성공 가도를 걷고 있다. 고객은 자신이 무엇 때문에 불편한지는 알지만 불편을 해소할 해답은 갖고 있지 않다. 고객의 문제를 듣고 풀어주는 것이 바로 세일즈의 포인트다.

『꿈꾸는 다락방』을 쓴 이지성 작가는 자신의 책에서 'R=VD Reality = Vivid Dream'라는 성공 공식을 제시했다. 생생하게 꿈을 꾸면 실현된다는 이야기다. 꿈만 꾸면 정말 이루어질까? 비즈니스에서 생생한 꿈이 현실이 되려면 필요한 한 가지가 있다. 바로 고객의 소리customer's voice다. 그러므로 비즈니스 성공을 실현하기 위한 VD는 'Voice Data'다.

고객의 소리를 잘 분석해보면 성공의 실마리가 나온다. 고객의 목소리에 담긴 니즈를 잘 읽어내는 기업들이 발전하고 성공할 수 있다. 비즈니스에서 평소에 내 것만 쳐다보는 좁은 관점이 결국 어려운 상황을 만든다. 내 솔루션과 제품이 아닌 고객의 고통과 니즈를 담은 '고객의 소리'를 듣는 과정에서 발전을 위한 토대가 마련된다.

행복한 귀

"괜찮아 보이네요, 마음에 들어요"

퀴즈를 하나 내볼 테니 맞혀보시라. 잠재 고객이 내 앞에서 "괜찮아 보이네요, 마음에 들어요"라고 했다. 그렇다면 이 고객은 물건을 살 것인가, 안 살 것인가? 알 수 없다고? 고객이 마음에 든다고 했는데, 알 수 없다는 말은 무슨 말인가?

그렇다면 잠재 고객이 내 앞에서 "괜찮아 보이네요, 마음에 들어요"라고 했고, 나는 그 고객과의 미팅을 팀장에게 보고해야 한다. 독자들이라면 뭐라고 보고할 것인가? 살 거 같다고? 알 수 없다고?

상황을 조금 더 바꿔보겠다. 여러분은 실적에 쫓기고 있다. 이번 달에 1건이라도 올리지 않으면 알아서 회사를 그만둬야 할지도 모른다. 아니면 지금 하는 일을 접어야 할 수도 있다. 이때 여러분은 팀장에게 또는 자신에게 뭐라고 이야기할 것인가? 그저 고객이 살지 안 살지 알 수 없다고만 말할 것인가? 내가 만나는 많은 분이 "살지 안 살지 알 수는 없지만 사고 싶다는 것은 사겠다는 것 아니냐"고 내게 되묻는다. 그러면 나는 "그들은 잠재 고객이지 고객이 아니다"라고 답한다. 즉, 고객이 실제로 상품을 사기 전까지는 살지 안 살지 그 누구도 모른다. 따라서 '저 고객은 반드시 이 상품을 살 거야. 마음에 든다고 했잖아!'라고 생각하는 것은 우리의 희망 섞인 판단일 뿐이다.

고객에게 어떻게 오게 되었는지 혹은 제품의 구매 의사가 있는지 물어보면 "그냥 알아보는 중이에요"라는 답을 들을 때가 많다. 과연 그냥일까? 아니면 신중하게 구체적으로 검토 중일까? 우리 또한 잠재 고객으로서 가게 점원이 다가와서 "어떻게 도와 드릴까요?"라고 물어보면 "그냥 둘러보고 있어요"라며 접근을 거부하는 경우가 많이 있다. 아직은 확신이 서지 않았으니 오지 말라는 의미도 있겠고, 나만의 시각에서 우선 둘러보고 싶은 생각도 있겠고, 그저 아이쇼핑하고 싶은 마음으로 그럴 수도 있겠다. 여기서 "그냥 둘러보고 있어요"라는 말에는 숨은 뜻이 참 많다. 그러니 그 말을 듣는 사람은 오만 가지 생각이 든다. 그러면서 여러 갈래로 상상의 나래를 펼치게 된다. 여기서 잠깐, 상상하기 전에 내가 듣고 싶은 말과 고객의 말은 다르다는 것을 인지하고 가자. 내가 듣고 싶은 말은 "이거 살게요"겠지만, 고객의 진짜 말은 "그냥 둘러보고 있어요"다. 이 두 말의 차이는 어마어마하다.

내 귀가 듣고 싶은 말

최근 JTBC에서 방영된 〈멜로가 체질〉이라는 드라마에 방송국 CPChief Procuder(책임 프로듀서)가 스마트폰에 대고 큰소리로 화를 내는 장면이 나온다. "내가 봄에 하자고 했지 언제 4월에 편성하자고 했어? 현장 가보면 4월에도 패딩 입어!"라며 소리를 친다. 4월은 봄인가, 봄이 아닌가? 적어도 드라마 속 CP에게는 4월은 봄이 아니다. 여러분은 어떤가? 내게 4월은 봄으로 느껴지는데…….

제이케이엘컴퍼니와 거래하는 외국계 기업 임원 중에 '자신이 듣고 싶은 대로' 듣는 분이 있다. 그분의 직원들은 늘 이렇게 말한다.

"저희 A본부장님은요. 자신이 원하는 게 있으면 상대방이 뭐라

해도 그 방향으로 믿는 분이에요. 본부장님이 '이야기 다 되었으니까 진행하세요'라고 말씀하셔서, 실무를 진행하려고 그 상대방이라는 분과 이야기를 해보면 'A본부장님이 한 그 이야기를 이해했다고 말했지 동의한다고는 하지 않았어요'라고 말하는 거예요. 그런데 본부장님에게 물어보면 '상대방이 분명히 진행하자고 이야기했다'고 말씀하시죠. 상대방이 '동의했다'고 믿어버리시는 거예요. 그러면 상황은 아주 난감하게 되는 거죠."

우리는 듣고 싶은 것이 있을 때 상대방의 모호한 표현을 내가 원하는 대로 해석하고 그대로 믿어버리는 경향이 있다. 그리고 기억을 편집해서 내 뇌에 남겨놓는다. 내가 원하는 대로 말이다.

믿기지 않는다고? 시각 데이터를 분석하는 제품이 있다. 그 제품은 눈동자의 움직임을 분석해서 시선이 머무는 곳의 데이터를 수집하고 분석하는 기능을 한다. 한 사람에게 그 제품을 착용하고 매장 안을 돌아보게 한 다음, 제품을 통해 수집한 데이터를 바탕으로 본 내용을 이야기하면 놀라는 사람이 많다고 한다. "제가 그 상품을 그렇게 여러 번 봤다고요? 그런 기억이 없는데요?"라며 말이다.

사람들은 실제로 자신의 눈이 본 것이 아니라, 자신이 기억한 것을 보았다고 믿는다. 시선 기억도 편집된다. '나는 빨리 행복해지고 싶다. 행복한 말을 듣고 싶다. 어서 말해! 산다고!!!' 내 귀는 그런 주인의 마음을 잘 안다. 행복한 귀가 그런 이야기만 듣고 '쉽게 판단하려고 할 때' 주인인 나는 '잠깐' 하고 아래와 같이 질문할 수 있어야 한다.

"마음에 드신다니 다행입니다. 그럼 구매를 하시는 데 다른 요소는 없으신가요?"

"네, 감사합니다. 과장님의 검토가 완료되면 그다음 과정은 어떻게 되나요?"

"과장님의 검토가 완료되면 그다음 누구에게 보고가 되나요?"

행복한 귀의 부름에 고개가 바로 끄덕이면 안 된다. 함부로 끄덕이려는 고개를 똑바로 잡자. 다른 해석의 여지는 없는지, 그다음 다른 사람의 검토 과정은 없는지, 그분이 최종 의사결정을 하는지 등을 질문해야 한다.

지식의 저주

제품 언어로 고객 언어를 덮다

제이케이엘컴퍼니에서 스타트업 기업인 D사를 위해 프로파일링 (기업 고객 담당자와 관련 정보 확인)을 진행하던 중의 일이다. D사는 출입 보안 제품을 만드는 회사다. 따라서 공공기관의 보안 관리를 강화할 수 있는 제품은 무엇이 있는지, 제품을 사용해야 할 공공기 관들이 실제로 보안 제품을 보유하고 있는지 등의 정보를 수집해 서 전달했다. 전달 후 약 2주 지나 D사 대표에게 전화를 걸어 후속 연락과 미팅 등이 어떻게 진행되고 있는지 물었다.

그런데 D사 대표는 "글쎄요, 그게 미팅을 잡을 수가 없네요"라고 말하는 게 아닌가? 의아한 일이었다. 우리 회사가 D사에 전달한 정보 중에는 D사 기존 고객의 도입 사례에 대해 더 알고 싶어 하는 공공기관 목록과 담당자 정보가 포함되어 있었다. 그런데 그중 한 곳도 미팅을 못 잡았다고 한다. 이상한 생각이 들어서 몇 가지 더 질문하다가 다음 연락은 나와 같이 한번 해보자고 제안했다. 얼마 후 D사 대표와 함께 회의실에 앉아 D사 대표와 담당자의 전화 통화를 옆에서 같이 들었다. 통화를 듣고 나니 D사가 그간 왜 미팅을 잡지 못했는지 바로 이해할 수 있었다.

"안녕하세요. 저는 출입 보안 전문기업 D사의 대표 김○○라고 합니다. 박○○ 주임님 맞으신가요? 네, 반갑습니다. 저희 회사는 이러이러한 회사입니다. 저희 제품은 출입 보안을 철저하게 할 수 있고, 비밀번호가 계속 바뀌는 방식으로 특허를 받았습니다. 그리고……이러이러한 특징을 가지고 있습니다."

D사 대표는 회사와 제품에 대한 설명을 거의 5분 넘게 이어갔다. 혹시 독자 여러분도 '미팅 잡기가 실패한 이유'를 알겠는가? 그렇다. D사 대표는 고객에게 자신의 회사와 제품 이야기만을 장황하게 늘어놓고 있었다. 담당자는 세일즈맨의 제품에 관심이 없다. 심지어 제품 기능의 나열은 궁금하지도 듣고 싶지도 않다. 그보다

는 자신이 맡은 업무에 상대방이 어떻게 도움을 줄지가 궁금하다. 이 통화를 아래와 같은 대화로 바꿔보자.

D사 대표 안녕하세요. 저는 출입 보안 전문기업 D사의 대표 김○○라 고 합니다. 박○○ 주임님 맞으신가요?

담당자 네, 맞습니다.

D사 대표 네, 반갑습니다. 주임님 혹시 저희가 지난주 보내드린 자료 를 보셨나요?

담당자 아, 아니요. 바빠서 아직 보지 못했습니다.

D사 대표 네, 그렇죠. 바쁜 업무 때문에 못 보셨을 수 있습니다. 간단 히 말씀드리면 이렇습니다(20초 정도 설명).

담당자 저희와 유사한 곳에 도입한 사례가 있나요?

D사 대표 네, P발전소에서 저희 제품을 도입해서 보안 심사를 통과할 수 있었습니다. 그래서 추가로 구매를 하신 거고요.

담당자 보안 심사를요?

D사 대표 네, 그 부분에 상당히 특화되어 있는 거죠. 혹시 내부적으로 현재 검토하는 보안 제품이 있으신가요?

담당자 특별히 검토하고 있는 제품은 없지만, 어떻게 진행이 된 건 지 궁금하긴 하네요.

D사 대표   네, 그렇다면 다음 주중 편하신 시간에 잠시 뵙고 저희 제품

도 보여드리고 상세하게 말씀을 나누면 어떨까요?

지식의 함정

나는 고객의 관심사나 관심 언어, 나의 세일즈 상담을 분석하고 개
선하기 위해 상담을 녹음해서 들어본다. 한번은 모 회사와 가졌던
1시간 정도의 미팅을 다시 들어보았다. 고객 담당자는 고객 발굴
서비스에 대해 아주 높은 관심을 보였다. 내가 보기에도 우리 회사
의 도움을 받으면 많은 고객을 확보할 수 있는 회사였다.

그러다 보니 나도 신이 나서 여러 사례와 조언을 전달했다. 1시
간이나 미팅을 하면서 나도 상당히 많은 말을 했는데, 결국 거래에
는 실패했다. 많은 시간이나 말이 뭐가 그리 중요하겠는가? 과음
도, 과식도, 과찬도 모두 좋을 게 없다. '과세(과한 세일즈)'도 안 좋
다. 나는 신이 나서 떠들지 모르겠지만 고객은 싫다. 관심 없다. 자
기 자신에 취하면 안 된다.

상담 내용을 끝까지 듣고 나서 나는 '지식의 저주'를 발견했다.
내가 이미 한 이야기를 두 번이나 더 반복해서 하고 있었다. 고객이

못 알아듣는다고 생각을 했는지 내 입장에서 중요하다고 생각하는 부분을 거듭 강조하고 있었다. 그것도 내 언어들을 쏟아내면서 말이다. 담당 팀장은 자신은 관심이 많은데 상급 임원에게 보고해야 하고, 상급 임원은 영업 담당 본부장과 대표이사였는데 상당히 보수적이라고 말했다.

하지만 나는 내 지식의 함정에 빠져서 상대의 이야기를 듣고 돌파구를 찾는 대신 내 이야기만 하고 있었다. 여러분도 제품에 대해 자신감 있게 기능을 설명하기만 하면 편할 것이다. 그렇지만 고객은 그렇지 않다. 그들은 처음 들어보는 단어와 표현이 생소하기도 하고 금방 관심도 생기지 않는다.

내가 편한 제품의 언어로 고객 언어를 덮으려고 하면 미팅조차 잡을 수 없다. 고객의 핵심 언어를 활용해서 질문해야 한다. "발전소에서는 보안 심사 통과가 중요하다고 하는데요. Q발전소에서는 어떻게 준비하고 계신가요?" 그리고 고객의 이야기를 듣자. 자꾸 내 지식을 전달하려고만 하면 안 된다. 대신 담당자가 관심이 있을 만한 분야를 사전에 확인한다. 심지어 제품 이야기는 안 해도 좋다. 제품 언어나 제품에 대한 지식은 잠시 잊자. 동종 업계의 다른 고객이 쓴 '고객의 언어'가 있다면 그 언어를 핵심적으로 활용한다. "이 문제(고객의 언어)에 대비해 어떻게 준비하고 계신가요?"

착각

"고객님, 그게 아니고요"

지금 대세는 X타입이다. 그런데 고객은 Y타입을 구매하려고 한다. 환장할 노릇이다. 어떻게 대세를 그렇게 모를 수 있을까? 고객은 바보일까? 이럴 때 나는 어떻게 할 것인가? "네, 당신 말이 맞습니다. Y타입으로 사세요"라고 말하는 게 맞을까? 아니면 "X타입이 대세인데 왜 Y로 사세요?"라고 따질 것인가?

영국 런던에 본사를 둔 로보틱프로세스자동화RPA 업체인 소프토모티브코리아의 이문형 지사장이 컴퓨터 서버 세일즈를 하던 시절 이야기다. 이 지사장이 L사에 영업하러 갔을 때, 고객의 선택 앞에서 곤란한 처지에 놓였다. 유닉스UNIX 서버를 사용하는 것이 대세가 된 시점에서 X86 서버를 채택하겠다는 것이다. 이 지사장은 유닉스 서버를 취급하는 회사의 영업 대표였기에 고객이 X86 서버를 고집하자 곤란하기도 했고, 대세에 어긋나는 잘못된 선택을 하고 있다는 생각도 들었다.

"X86 서버인 모 기업의 제품은 서버로도 안 볼 때였어요. 그런데 X86으로 간다는 거죠."

그는 고객의 생각이 틀려도 한참 틀렸다고 생각했다. 그래서 이 지사장은 "과장님, 그게 아니고요. X86은 대세가 아닙니다. 유닉스로 가셔야 합니다"라고 외쳤다고 한다. 그런데 고객에게도 X86을 고를 수밖에 없는 나름의 이유가 있었다. 나중에 알고 보니 동종 업계의 다른 회사들에 비해 늦게 출발한 L사로서는 이미 대세가 된 유닉스를 채택하면 차별성도 경쟁력도 없었던 것이다.

유닉스 서버를 사용하면 남들이 하는 일을 뒤늦게 따라간다는 이미지가 생길 수도 있었다. 그래서 대세가 아니라는 것을 알면서도 어쩔 수 없이 남들과 다른 서버를 선택하려고 했다. 그런 속사정도 모르면서 그건 대세가 아니라는 이야기나 하고 있었다니……. 결국 L사는 X86 서버를 구매하긴 했지만, 좋은 관계를 놓칠 뻔한 아찔한 상황이었다. 우리는 고객을 과연 얼마나 알고 있고, 얼마나 고객을 존중하고 있는가?

"네, 그렇군요. 전체적인 흐름이나 합리적인 관점에서 볼 때 X 타입이 대세인데, 혹시 그런 선택을 하시는 특별한 이유가 있을까요?" "이유가 있다면 뭘까요?"라고 질문해보자. 실수도 줄이고 고객의 솔직한 상황도 이해할 기회를 얻게 된다. 혹시 지금 '내가 고객보다 많이 알고 있다고 착각'하는 것은 아닌지 자문해보자.

지식의 저주에서도 이야기했듯이, 나도 세일즈를 하다 보면 고객을 가르치려 하는 큰 실수를 범할 때가 있다. 특히 '내가 좀 알지'라고 생각하고 있을 때 그런 경우가 많다. 가르치려는 경향의 세일즈는 학구적인 엔지니어 출신 대표나 세일즈맨들에게서 자주 발견하게 된다. 고객이 가르쳐달라고 하는 경우에도 가르치는 듯한 태도는 자칫 '잘난 체하다가 세일즈를 망치는' 결과로 이어지게 된다. 사람들은 누구나 겸손한 사람을 좋아한다. 옳은 이야기를 들어도 '그래 당신 잘난 거 알았어. 참고해서 다른 사람한테 살게'라는 결론에 이르게 된다.

오늘도 많이 배웠습니다

겸손은 손해 보는 일이 없다. 설사 고객이 틀린 이야기를 해도 바로 지적을 하지 않는 것이 좋다. 먼저 고객의 이야기를 끝까지 들어야 한다. "잘 들었습니다. 그 부분에 대해서는 이런 관점도 있습니다." 이렇게 그의 이야기를 반박하기보다는 조심스럽게 질문하고 대화하면서 맞는 쪽으로 유도하는 것이 좋다. 세일즈에서 어떻게 그렇게 하느냐고 할 수 있는데, '내가 생각하는 맞는 의견을 고집하다'가 세일즈를 놓치는 것보다는 훨씬 낫지 않은가? 내 생각을 설파하고 고집하려면 학계나 연구소에서 연구원으로 일하는 게 좋지 굳이 고객을 상대로 세일즈를 하려 하는가?

세일즈는 주입이 아니라 소통이다. 고객이 원하는 것을 들어주고 이루어주는 것이다. 가르치고 싶다는 생각이 들 때면, 오히려 입을 꾹 닫고 가만히 듣자. 그러면 상대방은 자기 이야기가 맞으니까 계속 듣고 있겠지 생각하면서도 들어주는 내가 좋아서 내 이야기도 들어주려고 하게 된다. 그렇게 되면 세일즈는 오히려 자연스럽게 풀리게 되어 있다. 고객이 내게 호감을 가지면 '성공할 확률'이 높아지는 것은 당연하다.

많은 세일즈맨이 고객의 호감은 놓치고 고객에게 자신의 제품에 대해 일장 연설을 하다가 세일즈를 실패하는 실수를 범하는데, 이제부터 '나는 고객에게 배운다'라고 마인드를 바꿔보자. 내 지인 중 한 명은 미팅을 마치면서 이렇게 말한다고 한다.

"오늘도 많이 배웠습니다. 특히 기존 시스템과의 통합 관련 부분은 저도 오늘 새로운 식견을 얻게 되었습니다."

그러면 고객은 뿌듯하다. '내가 누군가에게 도움이 되었구나'라는 생각에 기분이 좋아진다. 그러면서 마주 앉은 세일즈맨도 좋아 보이게 된다. 세일즈 수주 확률은 자연스럽게 높아진다. 오늘 여러 건의 세일즈를 했다면 한번 돌아보자. 나는 오늘 고객을 가르쳤는가, 고객에게서 배웠는가? 배우고 왔다면 훌륭한 세일즈를 한 것이다. 배워야 고객의 요구를 알 수 있다. 고객의 니즈는 내 제품이나 솔루션, 서비스를 한층 더 높은 수준으로 올려줄 수 있는 촉매 역할을 한다. 그게 반영이 되면 판매도 증대된다. 배우고 판매도 잘 되고 얼마나 좋은가? 일석이조 아닌가? 잘 듣고 공감하는 능력이 높은 세일즈맨은 이러한 면에서 매우 유리하다.

어느 날 한 제자가 부처에게 물었다.

"제 안에는 두 마리 개가 사는 것 같습니다. 한 마리는 매사에 긍정적이고 사랑스러우며 온순한 놈이고, 한 마리는 아주 사납고 성질이 나쁘며 매사에 부정적인 놈입니다. 이 두 마리가 항상 제 안에서 싸우고 있습니다. 어떤 녀석이 이기게 될까요?"

부처는 생각에 잠긴 듯 잠시 침묵을 지켰습니다. 그러고는 아주 짧은 한마디를 건넸습니다.

"네가 먹이를 주는 놈이다."

세일즈의 세계에서도 마찬가지다. 고객 앞에 서면 내 이야기를 하고 싶어진다. 내가 가진 지식을 가르쳐주고 싶어진다. 그럴 때면 이 교만한 나에게 먹이를 주지 말고 '고객에게 배우고 고객을 높여주는 나'에게 먹이를 주고 겸허하게 고객에게 배워야 한다. 고객의 언어를 알려면 꼭 기억해야 할 말이다. 고객이 내 스승이다.

한계

고객은 답을 갖고 있는가?

소프트뱅크 창업자인 손정의 회장은 2019년 7월 문재인 대통령을 만난 자리에서 "첫째도, 둘째도, 셋째도 인공지능AI"이라며 "AI는 인류역사상 최대 수준의 혁명을 불러올 것"이라고 말했다. AI는 대세다. 그런데 우리는 AI를 아는가? 앞으로 인류의 미래를 좌지우지할 것이라고 하는 AI에 대해 우리가 가진 정보는 얼마나 될까? AI에 대한 지식은 아마 사람마다 천차만별일 것이다. 내가 대표로 있는 회사가 AI 관련 솔루션을 개발하고 있다 보니 나 역시 AI를 공부하고 있지만, 참 어렵다.

여러분이 AI 관련 제품을 만들었고, 잠재 고객 앞에 앉았다고 가정해보자.

"사장님, AI를 통해 미래를 바꿀 준비가 되어 있으신가요?"라고 물으면, 그 질문을 받은 사장은 뭐라고 답할까? "네"라고 할까? 천만에! "아니요"가 90퍼센트 이상일 것이다. 사장이 모든 지식을 알고 준비하고 있을 가능성은 크지 않다. 그보다는 '도대체 어떻게 하면 신규 고객을 더 많이 확보할 수 있을까?'가 머릿속을 차지하고 있을 가능성이 훨씬 크다. 그런 사람에게 대뜸 AI 이야기를 꺼낸다고 그 이야기가 잘 들릴까? 우리가 AI 제품을 영업하고 싶다면 대신 이렇게 이야기해야 한다.

"진행 중인 영업 건을 어떻게 관리하고 계신가요?"

"하반기 가능 매출이 얼마 정도 되는지를 어떻게 파악하시나요?"

"잠재 고객들이 이 회사 제품에 대해 얼마나 알고 있고, 어떻게 생각하는지를 아는 것이 사장님께 도움이 될까요?"

"고객과의 세일즈 대화를 분석할 수 있는 프로그램이 있다는 것을 아시나요?"

이처럼 AI를 이야기하지 않고 고객과의 대화를 좀더 쉽게 풀어나갈 수 있다. "스마트 팩토리Smart Factory 아시죠? 저희가 그 솔루션을 만들고 있습니다. 도와드리겠습니다"라고 하기보다 아래와 같이 질문을 바꿔보자.

"제조 공정의 어느 부분에서 주로 불량이 나오는지 알 수 있고, 이상 징후를 발견할 수 있다면 업무에 얼마나 도움이 될까요?"

"동종 업계의 A사가 그러한 시스템을 갖추고 불량을 50퍼센트 이상 절감한 내용을 공유해드릴까요?"

고객은 어려운 기술 용어나 지식에는 관심 없다. 따라서 우리는 고객의 한계를 이해하고 고객에게 답을 제시해줄 수 있어야 한다. 고객이 한계를 넘어서게 하는 데 우리의 존재 가치가 있는 것이다.

나만 몰랐던 나쁜 언어 습관

몇 년 전 직원과 기업체 미팅을 하고 회사로 돌아가는 차 안에서 미팅에서 나누었던 내용을 같이 복기해보았다. 그러던 중 나로서는 충격적인 이야기를 듣게 되었다.

"대표님, 혹시 아셨어요? '다르다'라는 말과 '틀리다'라는 말을 혼용해서 쓰고 계신 거……."

"네? 제가요?"

"네, 아까 '그것과 이것은 틀려요'라고 말씀하신 거 아세요?"

"아, 그랬군요. 맞네요. 그렇게 말했군요."

'다르다'가 맞는 표현일 때 '틀리다'로 표현한 것이다. 나는 두 단어의 차이를 알고 있었다. 그리고 맞게 쓰고 있다고 생각하고 있었다. 그러나 실제로는 아니었다. 그 후로 나는 고객과 했던 미팅을 가끔 녹음해서 다시 듣는다. 들어보면 참 어이없는 실수도 많이 한다. 고객이 이야기하는 중에 말을 끊기도 했다. 대화에 집중하지 않고 못 들어서 다시 이야기해달라고 할 때도 있었다. 심지어 중요한 대목에서도……. 그리고 때로는 잘 알지 못하는 내용을 아는 척했을 때도 있었다. 나의 이런 모습은 고객의 눈에 비치는 나의 모습이고 언어다. 언어가 정갈하지 못하면 사람도 그렇게 보인다.

제이케이엘컴퍼니는 전 직원이 3개월간 커뮤니케이션 전문 코치에게 듣기와 말하기 코칭을 받을 수 있도록 했다. 나도 세일즈 강의를 하지만 때로는 코치가 필요하다. 코치의 코칭을 받기 전보다 지금의 나는 훨씬 사람에 집중한다. 나의 언어 습관을 지금의 공감형 언어 습관으로 바꾸고 나서 공감 대화도 훨씬 많아졌다. 상대방의 만족감이 커졌다. 회사 내부 직원도, 나도, 전보다 훨씬 밝게 인사한다. 나쁜 언어 습관이 있다면 깨야 한다.

고객도 나쁜 언어 습관이 있을 수 있다. 비단 우리나라만의 일은 아니겠지만, 우리나라 언어의 중의적 표현은 특히 유별나다. 그것은 우리나라의 상하 관계 문화에서 크게 기인한 것으로 보인다. 1997년 대한항공의 괌 비행기 추락 사고 당시 조종실의 기장과 부기장의 대화는 그 경직성이 세계 2위 수준이었다고 한다.

그래서 대한항공은 2000년 델타항공의 데이비드 그린버그를 비행 담당자로 영입했다. 그린버그가 문제를 파악하고 단행한 조치는 무엇이었을까? 그는 영어로 훈련 프로그램을 짰다. 그리고 직원들이 한국어를 할 수 없게 만들었다. 고객의 '언어라는 벽'을 깬 것이다. 한국어에 비해 상하 관계가 뚜렷하지 않은 영어로 상하 관계의 격식을 깼다. 결과는 매우 성공적이었다.

Chapter 2

어떻게
다가설
것인가?

조직

자리가 사람을 만든다

우리가 만나는 사람들 대부분은 회사에 소속되어 있다. 얼핏 보기에는 모두 비슷한 유형의 사람들도 자신이 담당하고 있는 업무에 따라 거래에 대한 관점이 상당히 다르다. 예를 들어 영업팀은 바로 매출로 연결시킬 수 있는 거래인지가 제일 궁금하고 마케팅팀은 고객에게 얼마나 빨리 마케팅 메시지가 도달하고 관련 문의가 늘어나는지가 중요하다. 그러니 같은 구매 관련 건을 이야기할 때도 온도 차가 분명하다.

세일즈 담당자 마케팅팀에서야 그렇게 이야기하죠. 그런데 그게 바로 매출로 연결이 안 되면 저희에게는 의미가 없죠.

마케팅 담당자 좋긴 한 거 같은데……. 그럼 고객들이 주로 무엇에 반응하나요? 저희 브로셔를 이메일로 보내면 되나요? 이번 행사에 얼마나 참석할 수 있을까요?

임원·대표이사 그게 우리 회사 이미지에 얼마나 도움이 될까요? 혹시나 이미지를 흐리게 하거나 나쁘게 하지는 않을까요?

같은 회사에 근무하는 사람들인데 어떻게 이렇게 다를 수 있을까? 업무에 따라서 관점이 달라지기 때문이다. 따라서 명심하자. 조직 속의 위치와 담당하는 업무는 그 사람의 관점을 좌우한다. 자리가 사람을 만든다. 구매의 관점은 어떻게 하면 좋은 제품을 최저가에 살 것인지에 맞춰져 있다. 마케팅의 관점은 고객에게 어떻게 다가가서 관심을 유발할 것인지다. 세일즈의 관점은 어떻게 고객의 니즈를 발굴하고 구매에 이르게 할 것인지에 있다. 생산의 관점은 어떻게 효율을 높일 것인지, 인사의 관점은 어떻게 좋은 직원을 뽑고 업무 의욕을 높일 것인지에 있다.

이렇게 다들 각각 다른 관점을 갖고 우리의 '제품'이나 '솔루션', '서비스'를 대한다. 조직의 각 위치에 맞게 업무를 어떻게 더 잘할 수 있을지 고민하는 고객 담당자의 관점에서 그들은 무엇에 가장 큰 관심을 보일지를 고민해보자. 그 고민이 고객에게 다가가는 첫걸음이 될 것이다.

조직 환경도 고객의 언어다

몇 해 전 내가 멘토링했던 한 스타트업 회사의 대표는 목표로 하는 시장의 기업들을 찾아다니다 진이 다 빠져버렸다고 한다. 이 대표가 생각하기에는 자신이 보유한 기술은 외국계 경쟁사의 기술에 비해 기능도 월등히 뛰어나고 가격도 3분의 1 수준이니 이 기술을 도입하지 않을 이유가 없었다.

그래서 적극적으로 관련 기업들을 찾아다녔던 것이다. 그런데 대상 기업을 골라 처음에 생산팀을 찾아가니 "저희 담당이 아니다"라고 대답했다. "그렇다면 어디로 가면 될까요?"라고 하니 "구매팀에 가보시죠"란다. 그래서 구매팀에 가니 "그건 저희 소관이 아니고 생산기획팀에서 하는 일인 거 같은데요"라고 했다. 그래서 생산기획팀을 찾아가니 "그건 사장님에게 이야기를 해보셔야 할 거 같은데요"라고 했다. 그래서 사장에게 찾아가니 "흠, 그래요? 그건 생산팀에서 검토해야 하는 건데……. 제가 이야기를 해놓을 테니 그분들과 이야기해보세요"라고 했다.

결국 원점으로 돌아가 생산팀에 가니 담당자가 사장의 지시라서 검토하는 척하긴 했지만 "일단 자료 두고 가시면 연락드릴게요"라고 이야기를 하고는 감감무소식이었다고 한다. 몇 차례 더 찾아갔지만 돌아오는 답은 같았다. 그 이야기를 듣는 동안 내 가슴도 참 답답함을 느꼈다. 그렇게 기업의 문을 두드리고 다니는 동안 얼마나 상심이 컸을까 싶었다. 담당자를 찾아 제대로 정보를 전달하지 못하면 사장 소개로 만나도 결국 소용없다.

회사를 방문하기에 앞서 그 회사의 조직을 확인하라. 내 지인은 기업을 방문했을 때 조직도를 유심히 살피고 사진을 찍어둔다. 그 조직도나 조직 연락처는 나중에 아주 요긴하게 쓰인다. 각각의 업무 담당에 맞춰 영업 전략을 수립하는 데 큰 도움이 된다. 조직에서는 한 사람의 의사결정으로 최종 결정이 되지 않는 경우가 대부분이다. 따라서 조직의 유기적인 의사결정 체계를 파악하는 것은 비즈니스 성공률을 높이는 데 절대적이다.

데이터

데이터가 만든 기업, 아마존

아마존웹서비스 코리아의 윤석찬 매니저는 최근 한 웹 세미나에서 이런 이야기를 했다. "20년 전 아마존 매출의 35퍼센트가 추천 기능에서 나왔다. 아마존이 제일 잘하는 것은 AI 기반 추천과 예측이다." 워런 버핏은 아마존에 투자하지 않은 것을 두고 "내가 멍청했다"고 이야기했다고 한다. 워런 버핏조차 후회하게 만든 아마존 CEO 제프 베저스의 비결은 두 가지에 대한 집착, 즉 '고객에 대한 집착'과 '데이터에 대한 집착'이다. 제프 베저스는 말한다.

"우리를 남다르게 만드는 것이 무엇인지 궁금하다면 그 진실은 바로 이것입니다. 우리는 진정 고객 중심적입니다. 하지만 대부분 회사는 고객이 아닌 경쟁자에 집중합니다. 이것이 바로 우리가 남다른 이유입니다."

제프 베저스는 사소한 데이터일지라도 절대 버리지 않는 것으로 유명하다. 상품이나 서비스를 만들 때 어떤 데이터가 언제 중요하게 쓰일지 알 수 없기 때문이다. 1990년대 말 아마존에는 새로운 책을 추천하는 도서 비평가와 편집자 10여 명이 있었다. 『월스트리트저널』이 미국에서 가장 영향력 있는 도서 비평가로 꼽을 정도였다. 하지만 베저스는 객관적인 수치를 원했다. 그래서 고객이 그동안 어떤 책을 샀는지, 보기만 하고 사지는 않았는지 등을 담은 데이터를 활용해 개인 취향에 맞춰 책을 추천하는 알고리즘을 개발했다.

베저스는 인간 편집자의 추천 목록에 따른 판매량과 컴퓨터 생성 콘텐츠가 만든 추천 목록에 따른 판매량을 비교 실험했는데, 그 결과 데이터 추천 리스트 책이 훨씬 더 잘 팔렸다. 아마존 매출의 3분의 1을 차지할 정도였다. 베저스의 데이터에 대한 애정은 아마존웹서비스라는 거대 클라우드 컴퓨팅 플랫폼 회사로 연결되었다. 사용자는 서버가 없어도 자신의 데이터와 솔루션을 아마존웹서비스의 클라우드 플랫폼을 통해 이용할 수 있다. 이 회사는 현재 전 세계와 국내 클라우드 컴퓨팅 서비스 시장 점유율 1위를 달리고 있고, 창립자인 제프 베저스는 세계 최고의 부자가 되었다.

데이터도 고객의 언어다

아마존의 사례처럼 데이터를 모아 분석하면 고객이 원하는 게 보인다. 내가 전에 근무했던 곳의 어떤 직원은 고객과 상담 후 상담 이력을 남길 때 매우 상세한 고객의 표현까지 적어놓았다. '네, 그렇다고 헐 수 있죠잉, 허허허(웃음)' 또는 심지어 '묻는 말에 대답도 안 함, 아주 불친절함' 등의 고객 상태까지도 적었다. 약간은 곤란한 표현까지 적어서 보는 사람이 민망할 때도 있었지만, 이렇게 상세하게 상담 이력을 남기다 보니 생기는 큰 장점이 있었다. 다른 사람이 그 고객 건의 인계를 받아 진행할 때 그다음 거래 계획을 세우는 데 매우 큰 도움이 되었다.

그래서 제이케이엘컴퍼니 역시 클라이언트가 원하는 기업의 담당자를 찾고 전달할 때 상담 내용에 대해 최대한 상세하면서도 일목요연하게 정리한다. 업무를 인계받아 직접 진행할 사람이 상황을 잘 인식하고 이해할 수 있도록 돕는 것이다.

"지난번 저희 이 과장이 전화 드렸을 때 시스템 관련 문의를 드렸는데 친절하게 잘 대해주셔서 감사합니다. 그 건은 잘 해결되었다고 말씀 들었는데 맞죠? 하하."

인계받은 사람은 전에 고객과 어떤 느낌으로 통화를 했는지, 고객이 농담을 잘하는 사람인지, 딱딱한 사람인지 등을 미리 파악하고 상담할 수 있다. 고객이 남긴 언어나 표현들은 세일즈를 전개하는 데 매우 중요한 밑바탕이 된다. 고객은 세일즈맨이 자기와 코드를 맞춰 상담한다는 느낌을 무의식적으로 느끼게 되고, 같은 상황을 반복하지 않아도 되기 때문이다.

자신이 직접 1차 세일즈부터 수주까지 다 이어가야 하는 세일즈맨도 고객과 상담할 때 상담 내역을 최대한 자세히 메모하고 이력을 남겨두면, 다음 단계 세일즈를 할 때 큰 도움이 된다. 고객의 언어를 놓치지 않고 파악하고 다음 세일즈에 활용할 수 있고, 고객과 친밀감 형성에도 상담 내용이나 언어의 활용이 징검다리 역할을 하게 된다. 그 당시에는 이해가 되지 않았던 고객의 표현도 나중에 곰곰이 생각하거나 정보를 확인해서 확실히 알 수도 있다. 수첩이나 메모지가 없는 세일즈맨은 제대로 세일즈할 준비가 되어 있지 않은 것이다. 처음 상담을 하게 되는 경우라면 기업의 홈페이지나 소셜미디어를 확인해보는 것도 좋은 팁이 될 수 있다.

고객의 재무 데이터가 핵심이다

김밥 파는 CEO 김승호는 한 유통 회사의 고위 임원과 미팅할 기회
가 있었다. 그 임원은 당시 10여 개의 회사를 상대로 개별 인터뷰
를 진행하고 있었다. 수준이 미달 되는 거래처와 관계를 정리하고
몇 개의 회사로 거래처를 줄이기 위한 인터뷰였다. 모든 회사 대표
는 자신들이 무엇을 하는지에 대해, 그동안 얼마나 성장했는지에
대해 장황한 자료를 만들어서 미팅에 참여했다. 그런데 김승호 회
장은 작전을 바꿨다.

> 관점 전환 지금까지 우리(김 회장의 회사)가 무엇을 잘했는지에 대해 설
> 명하기보다 그들(고객사)의 관점에서 이 사업을 바라보자.

천편일률적인 인터뷰가 아닌 상대방이 진짜 원하는 것을 줄 수
있다는 확신을 심어주기 위해서였다. 김 회장은 철저하게 그들의
관점에서 이 사업을 바라보았다. 그 임원이 일부 회사를 정리하려

는 이유는 업계의 표준을 높여 단순하게 관리하려는 것이었고, 표준과 단순 관리를 통해 매출 증대를 기대하고 있었기 때문이다. 그리고 매출 증대를 통해 자신의 운영 능력을 돋보이게 함으로써 주주들에게 회장 후보로서 위상을 보여줄 기회이기도 했을 것이다.

> 고객 회사의 재무 데이터 분석 이 회사는 경쟁 회사보다 매장 크기당 평균 매출이 4퍼센트 이상 낮다는 것을 상장사 보고서를 통해 알아냈다.

자료를 살펴보니 해당 회사의 매출은 경쟁사보다 많아도 매장당 효율이 떨어진다는 뜻이었다. 김 회장은 이 점을 노렸다. 김 회장의 회사가 작은 면적에서 가장 높은 매출이 나온다는 점을 주목한 것이다. 더군다나, 다른 회사가 어마어마한 자료를 준비하는 동안 단 4페이지로 구성된 자료를 준비했을 뿐이다.

결과는 어떻게 되었을까? 고객사 고위 임원은 김 회장의 이야기에 완전히 빠져들었다. 김 회장의 회사는 결과적으로 그 고객사의 거래처 14곳을 대표하는 회사 역할을 하게 되었다. 이는 고객이 원하는 것을 팔려고 했기에 가능했다. 내가 하고 싶은 이야기가 아니라 고객이 처한 상황을 주시했고 그들의 데이터를 분석했다. 그러고 나니 고객이 원하는 게 보였다. 그것이 고객의 언어다.

마음

고객의 시선이 머무는 모든 것을 확인하라

'아차, 이거 낭패네······.' 외국계 회사의 임원인 내 지인은 고객과
미팅을 하면서 자신의 코털이 조금 심하게 삐쳐 나온 것을 느꼈다.
그다음부터는 미팅 내용이 머리에 들어오지 않았다. 자꾸만 코털
이 신경 쓰여서 고객의 이야기도 들리지 않았다. 고객이 자꾸 자기
코만 쳐다보는 것 같아서 미팅에 집중할 수 없었다.

이 임원은 그다음부터 고객 미팅을 하기 10분 전에 도착해서 그
회사의 화장실로 간다고 했다. 자신의 옷 매무새를 확인한다. 그리

고 화장실을 보고 그 회사의 분위기를 간접적으로 확인할 수 있는 계기도 된다고 한다. 통계적으로 화장실이 깨끗한 회사가 실제로 회사 운영이 좋은 경우가 많다. 반대인 경우는 회사의 사정이 좋지 않거나 분위기가 좋지 않다.

국내 모 대기업의 한 임원은 미팅하러 가기 전 주차장 관리에게 인사를 한다고 한다. 우리가 놓치는 요소를 챙기는 것이다. "피로회복제 하나 드세요! 하하." 반갑게 인사하면서 건네는 드링크제에 주차 관리인은 기분이 갑자기 좋아진다. 그러면서 인사를 한다. "오늘 누구 만나러 오셨어요?" "네, 김○○ 부장님요." "조금 전에 올라가시는 거 보았습니다. 사장님과 같이 어디 다녀오시던 모양인데요? 두 분 다 기분이 좋아 보였어요. 하하."

주차 관리인에게는 아무것도 아닌 정보지만 임원에게는 엄청나게 중요한 팁이 될 수 있는 정보다. 그 회사의 사장을 만나려고 했는데 기회를 잡지 못하고 있었다면, 주차 관리인의 정보는 아주 귀한 기회로 이어질 수 있다.

마음도 보인다

"저는 고객을 만나기 전 모든 구멍을 관리합니다." 지인이 들려준 이야기다. 고객의 시선이 머물 수 있는 모든 곳을 관리한다는 게 더 정확한 표현이겠지만, 이렇게 직관적으로 와닿는 표현도 없다고 생각한다. 눈에 눈곱이 꼈는지, 눈망울을 보며 한 번 더 각오를 다지는 것도 좋겠다.

자기 눈에는 안 보이는 곳이 또 있는데, 귓속이다. 자칫 귓밥이 흘러나오거나 잘 관리가 안 돼서 지저분한 경우도 있다. 잘 보이지는 않지만 타인이 발견하면 그 사람의 이미지가 상당히 격하되는 신체 일부다. 치아 사이에 밥풀이나 고춧가루가 남아 있어도 참 난감하다. 웃을 때마다 보이는데, 한번 보이면 자꾸 보게 된다. 고객이 계속 그게 신경 쓰여서 미팅에 집중 못하는 것은 물론이고, 마주 앉은 세일즈맨의 이미지도 추락되어 신뢰할 만한 대상으로 보이지 않게 된다.

가끔 배가 나와서 와이셔츠 단추가 터질 것 같은 상대방을 본다. 심지어 단추가 열린 모습을 발견할 때도 있는데, 그럴 때는 그 모습이 계속 신경 쓰여 시선을 하늘에 둘 수밖에 없다. 당연히 대화에도 집중이 안 된다. 어떻게 해주고 싶은데 말하기도 곤란하다.

그리고 구멍이라 이야기할 수는 없지만, 옷 위에 떨어진 수북한 '눈'을 발견할 때도 있다. 특히 짙은 색 옷을 입었을 때 양어깨에 비듬이 있다면 보기에 지저분하다. 비듬이 많은데 어떻게 하냐고? 고객도 '지저분한 느낌'이 드는 걸 어쩔 수 없다. 더욱 곤혹스러울 때는 바지 지퍼가 열렸을 때다. 잘 관리해서 고객에게 좋은 느낌을 주는 것은 내 선택이고 노력이다. 좋은 옷이 관건이 아니다. 깔끔하고 단정한 용모가 주는 그 사람의 이미지는 매우 전문적인 느낌을 준다.

캐나다에 갔을 때 일이다. 어느 스타벅스 매장에서 위아래 연한 핑크 색깔의 독특한 정장을 입은 사람이 눈에 띄었다. 그 사람은 고객으로 보이는 상대방이 오기 전 이미 커피도 준비해놓고 있었다. 고객의 취향을 알고 있었던 듯했다. 머리는 단정하게 가르마를 타고 있었고, 볼펜과 메모지는 테이블 위에 단정하게 놓여 있었다. 세일즈맨으로 보이는 사람의 의자 옆에는 서류 가방이 '여기는 제 자리입니다'라고 말하는 듯 놓여 있었다. 미팅 내용은 알 수 없었지만 준비된 세일즈맨의 모습을 느낄 수 있었다.

우리가 미팅 전 조심하고 명심할 것이 있다. '마음도 보인다'는 사실이다. 고객들이 우리를 맞을 때 경계의 마음으로 만나서 나를 주의 깊게 관찰한다는 것을 아는가? 우리가 고객으로서 세일즈맨을 대할 때 방어막을 치는 것과 같다. 내 일거수일투족은 고객의 레이더망 안에 있다. 고객을 만날 때 우리는 어떤 마음으로 만나는가? 눈을 통해, 목소리 톤을 통해, 앉은 자세를 통해 마음도 드러난다. 그러니 고객을 만나기 전 내가 준비해야 할 것은 '고객의 관점을 유지하면서 진정성 있고 당당한 자세'다.

목표

작게 시작해서 크게 확장하라

역사적으로 국가의 영토 확장이나 큰 회사의 사업 확장에는 공통점이 있다. 바로 작게 시작해서 크게 확대하는 스몰빅small-big 전략을 썼다는 것이다. 현재 우리나라의 배달앱 시장 1위인 우아한형제들의 '배달의민족'도 서울 강남에서 전단지를 모아 데이터를 올리며 출발했다.

테슬라의 회장이자 기업인인 일론 머스크가 공동 창업한 페이팔PayPal도 작게 시작해서 시장을 독점화한 사례다. 1999년 페이팔은 신생기업으로서 고객 확대가 필요했다. 그들은 큰 시장보다 이베이ebay의 '파워셀러'에 집중했다. 그 당시 이베이에는 대량 거래를 주도하는 파워셀러가 수천 명이 있었다. 이들에게 집중적으로 노력을 기울인 결과, 3개월 후 이들 중 25퍼센트에게 서비스를 제공할 수 있었다.

사업의 확장이 작은 시작을 통해 크게 가능해지듯이 고객과의 첫 미팅의 목표는 크지 않아도 좋다. 처음 고객을 만나서 우리가 얼마나 많은 것을 얻을 수 있을까? 독자 여러분이 신규 비즈니스를 시작했고, 잘 알려지지 않은 사업체의 세일즈맨이라면 작은 목표부터 시작해 크게 확장하는 전략을 짜는 것이 좋다.

첫 만남의 목표는 프로파일 확인이다

고객은 어떤 사람인가? 우리와 다른 사람인가? 아니다. 같은 사람이다. 우리도 때로는 고객이 된다. 그럼 첫 만남에서 나는 무엇을 목표로 해야 하는가? 고객에 대해 알아야 한다. 고객을 알아가는 첫 단추는 프로파일 획득이다. 그렇다면 어떤 프로파일을 획득할 것인가? 우리는 고객의 이름, 성별, 나이, 연락처(전화번호, 이메일), 담당 업무, 직책과 직위, 부서, 회사명, 조직 구조 등을 파악해야 한다.

이 정보는 기초 정보에 해당한다. 고객의 기초 정보는 이후 고객 또는 고객의 조직에 대한 상세 정보를 추가하는 과정에서 중요한 토대가 된다. 고객을 알아가는 데 이러한 기초 정보가 없이 고객이 필요하다고 이야기하는 것만 받아 적고 오면, 수주 확률은 매우 낮아진다. 누군지도 모르고 물건을 팔겠다고 하는데 누가 물건을 사준단 말인가?

실패해도 괜찮지만 질문하라

기본 프로파일마저 획득하지 못했다면 어떻게 할 것인가? 고객에게 가지 않을까? 포기할까? B2B 세일즈 전문기업 제이케이엘컴퍼니는 하루에도 수백 건의 세일즈 상담을 한다.

그러면서 질문하고 성공하는 방법을 더 다듬는다. 문제의 원인을 발견하면 문제에 대한 해결책과 창의적인 아이디어가 떠오른다. 고객의 기초 정보를 수집하지 못했고 미팅도 성공적이지 않았다면 스스로 질문해본다.

'왜 고객이 부정적인 태도로 일관했을까?'

'어떤 문제가 있어서 시작부터 막혔을까?'

'어느 부분이 문제였을까?'

'내가 어떤 질문을 하지 않았을까?'

'어떤 질문을 했다면 더 좋은 답을 얻을 수 있었을까?'

'고객이 흥미를 잃은 이유는 무엇일까?'

바둑 고수 조훈현은 상대방의 한 수 한 수를 절대로 그냥 받아들이지 않아 고수의 자리에 올랐다. '왜 거기에 두었을까?' '이 수에 무슨 의도가 있는 걸까?' 그는 모든 대국에서 문제의식을 가지고 그것을 해결하려고 애쓰는 과정에서 창의적인 답을 얻게 되었다. 그는 좋은 수의 핵심은 '질문'이라고 강조한다.

어느 날 기원에서 중국의 루이나이웨이 9단과 우연히 마주쳤다. 그녀는 그를 보더니 그림 하나를 내밀었다. "여기 이 정석에 돌의 순서를 이렇게 바꾸면 다음 전개가 어떻게 될까요?" 그것은 바둑기사들이 흔히 알고 있는 '고바야시 정석(일본의 고바야시 고이치가 자주 쓰던 수로 기존 정석에서 변형된 바둑을 의미한다)'이었다. 정석은 오랜 시간 검증을 거쳐 가장 모범적이라고 인정된 것이기에 좀처럼 의심을 하지 않는 법이다.

며칠 후 조훈현은 이창호 9단을 비롯하여 여러 후배 기사에게 그때 이야기를 꺼냈다. "이건 루이 9단이 질문한 건데, 너희들은 어떻게 생각하니?" 모두 다 열띤 토론을 벌였고 그 과정에서 이창호 9단이 전혀 생각하지 못했던 새로운 수를 발견해냈다. 이처럼 모든 발견은 질문에서 시작한다. '왜 이런 거지?' '다른 방법은 없을까?' '이게 정말 최선일까?'

선물

비 오는 날은 영업하기 좋은 날

사무용 가구 영업 임원으로 일하고 있는 남자가 있다. 그는 비가 오는 날이면 고객을 방문한다고 한다. 별일이 없어도 가고, 영업점 직원들이 바빠서 이야기를 못하면 음료수 하나를 놓고 오더라도 갔다. 비 오는 날은 움직이는 것 자체가 귀찮다. 땅은 질퍽거리고, 옷은 젖고, 몸도 노곤해져서 문밖을 나선다는 것 자체가 싫다.

그런데 그는 그런 날은 거래처를 방문한다는 철칙을 세워놓고 지켰다. 이유는 무엇일까? 비 오는 날은 다른 영업 사원들도 꺼리는 날이니 경쟁이 적다. 고객도 빗속을 뚫고 온 그를 안쓰럽게 생각하며 반긴다. 그 정성이 고맙기도 하다. 그러니 한 번 더 생각하게 된다. 여러분이라면 어떻게 하겠는가? '비 오는데 다음에 가겠습니다'라고 하는 것이 좋을까? '오늘 가겠습니다'가 좋을까? 고객에게 다가가고 싶은 세일즈맨이라면 답을 알 것이라고 믿는다.

실패에 대한 걱정은 실패한 다음에 해도 된다

2018년 미국 출장을 갔을 때 일이다. 나는 출장 한 달 전까지도 가서 만나야 할 사람들과 약속은커녕 전화 연결조차 못하고 있었다. 당시 미국 방문은 여러모로 매우 중요했다. 회사에서 개발 예정인 제품에 대한 해외 고객 관점의 피드백이 필요했고, 그 피드백을 줄 수 있는 미국 내 전문회사들의 대표나 임원급 인사와의 만남이 필요했다. 필요가 수요를 만든다고 했다.

나는 링크드인Linkedin을 통해 나에게 필요한 인맥을 찾아냈고, 그에게 편지를 썼다. 나는 누구며 어떤 일을 하고 당신을 왜 만나고 싶어 하는지를 담아서 링크드인 앱의 이메일 시스템을 통해 보냈다. 답장이 올까 노심초사 기다리는 사이, 벌써 미국에 갈 날이 다가왔다. 초조했지만 다른 인맥들도 꾸준히 찾으면서 만날 수 있는 확률을 높여갔다.

결국 나는 그 회사 대표뿐만 아니라 다른 기업의 신사업 기획 담당 임원을 만났고 우리 회사가 만드는 솔루션에 대한 긍정적인 피드백을 받았다. 그 피드백을 사진과 함께 프레젠테이션 자료에 올리고, 투자의 가부가 걸린 정부 대상 설명회에 콘퍼런스콜 conference call을 통해 들어갔다. 그 만남에서 얻은 자료는 우리가 만드는 프로그램이 정부 과제로 채택되는 데 매우 큰 역할을 했다. 과연 될까? 만날 수 있을까? 생각만 하고 실패를 두려워했다면 정부투자 유치라는 수확은 어려웠을 것이다.

2019년 캐나다 토론토에 출장을 가면서, 나는 그곳에서 만나고 싶은 분이 있었다. 그분은 토론토에 정착한 지 오래된 한국인으로 캐나다의 정치와 경제 등에 대해서도 해박한 지식을 갖고, 현지에 다양한 인맥이 있는 것으로 파악되었다. 우리 회사가 개발 중인 솔루션의 글로벌 진출을 준비하기 위해 토론토의 인맥이 필요했다. 나는 그에게 이메일을 보냈다. "저는 이런 사람이고, 선생님이 쓴 책을 보았고, 만나고 싶은 이유는 이러이러하다"고 이야기했다. 답장을 받았을까? 물론 받았고, 만났고, 다른 중요한 인맥도 소개를 받았다. 거절을 당하지 않을까 하는 생각은 거절당하고 나서 해도 된다. 무엇 때문에 거절했을지 생각해보고 거절당하지 않는 방법을 찾으면 된다.

고객에게 가장 편한 시간은 그에게 내가 필요한 시간이다. '만나도 되나요?'는 의미 없는 질문이다. 내게 그를 만날 이유가 분명하다면 만나지 않을 이유가 없고, 언제든 좋은 시간인 것이다. 고객에게 나와의 만남은 선물이다. 선물로 만들어야 한다.

리드

미팅의 목적과 어젠다를 밝혀라

"오늘 미팅에서는 지난번 말씀하신 타사 적용 사례와 효과에 대해 말씀드리고, 시연하면서 적용 방안에 대해 협의할 예정입니다." 이렇게 미팅의 목적을 간결하게 밝히는 것은 대화를 리드하는 효과가 있다. 고객은 '이번 미팅이 이러이러한 내용으로 진행되겠구나' 이해하고, 세일즈맨의 말을 경청한다. 이런 과정 없이 진행되는 미팅은 방향이 제대로 잡히지 않고, 결과도 내가 원하는 바를 얻지 못하게 되는 경우가 많다.

고객은 다른 생각을 가지고 미팅에 참여했을 수 있다. '지난번 받은 견적을 깎자고 해야겠다'고 생각하면서 자신이 원하는 바에 대한 기대감만을 가지고 미팅에 임할 수 있다. 내가 강조하고자 하는 바는 들리지 않고, 자신이 생각하고 있던 바만 듣고자 할 수 있다. 경청이라는 공감도 중요한 시작점이지만, 형식이나 목적이 있는 미팅이라면 미팅의 목적과 어젠다를 밝혀라. 내가 주도하는 바에 맞는 공감대를 형성하게 된다.

어떤 이야기를 나눌지 미팅의 목적과 주요한 안건에 대해 미리 머릿속 사다리에 차곡차곡 올려두는 것이다. 고객 입장에서 어젠다를 놓쳤을 수 있으니, 미팅을 마치면서 이 질문으로 감싸주면 좋다. "오늘 말씀 나눈 내용 중 혹시 중요한데 논의가 되지 않은 요소가 있나요?"

누가 세일즈의 주체인가?

"바쁘다는데, 왜 이렇게 자주 와요?" 오늘도 찾아온 세일즈맨을 본 실무 과장의 첫 마디다. 고객사 담당자가 한가하다고 이야기하는 경우는 거의 없다. 실제로 실무 과장에게는 많은 업무가 부여된다.

실무 경험도 많아 일처리가 빠르고 회사 업무에 대해 잘 알기 때문이다. 세일즈맨은 이렇게 대답했다. "저희가 어떤 도움을 드릴 수 있을지 아직 모르니까요!"

고객과 세일즈맨은 기본적으로 서로 돕는 상생의 관계지만, 그런 관계가 되기 위해서는 세일즈맨이 먼저 다가서야 한다. 고객이 어떤 서비스를 원하는지 아직 알 수 없다면? 외부에서 정보를 수집하거나, 내부 담당자에게 상황을 확인하거나, 연관 업체들을 통해 간접적으로 이슈 포인트를 찾거나, 어떻게든 알아내야 한다. 내가 진정 알고자 하고, 돕고자 하는 당당함으로 무장되어 있다면, 고객은 기특해서든 귀찮아서든 실마리라도 가르쳐주게 된다.

우리는 고객과 관계 형성에 방점을 두기 때문에 고객이 바쁘다고 하면 '귀찮게 하면 나를 싫어할 거야'라고 여기고 주저하게 된다. 그러나 이는 잘못된 생각이다. 내게 시간이 허락된다면 일단 고객에게 가라.

여기서 한 가지 중요한 것은 무작정 고객을 찾기만 해서는 세일즈가 성립되지 않는다는 점이다. 세일즈맨이라면 '고객 관점에서 나를 만나야 할 이유'를 고객에게 전해주어야 한다. 고객 입장에서 필요한 사람으로 자리매김하는 게 중요하다.

일단 고객에게 찾아갔다면, 이제 고객이 정말 원하는 것을 알아내기 위해 주체적으로 질문해야 한다. 문제를 갖고 있지 않은 고객은 없다. 기업에는 갖가지 문제가 산재해 있다. 실적도 개선해야 하고, 생산성도 높여야 하고, 고객사가 제조업체라면 상품의 품질을 개선하는 문제도 중요하다. 따라서 고객을 만났을 때 고객 입장에서 근본적으로 필요한 서비스를 내가 제공할 수 있는지 검토해야 한다. 그다음으로 당당하게 질문하자.

"요즘 여러 기업이 데이터 수집과 관리에 대한 수요와 해결 방안에 대한 고민을 갖고 있던데요. 이런 문제들을 현재 어떻게 해결하거나 준비하고 계신가요?"

"현재 내부적으로 가장 핵심적인 고민거리가 뭔가요?"

"대표님은 지금 어떤 문제를 최우선 순위로 생각하고 계신가요?"

초기 접촉 단계에서 내가 물어도 고객이 답을 안 하지 않을까 하는 우려를 많이 한다. 하지만 제이케이엘컴퍼니의 수십만 접촉 건의 통계를 보면, 내가 진정성을 가진 질문을 하면 고객이 답한다는 것을 알 수 있다. 놀라울 정도로 담당자들이 많은 이야기를 한다. 겁먹고 안 물어보니 답을 안 하는 거다.

세일즈맨의 생각은 꼬리에 꼬리를 문다. 여러분은 이런 경우 어떻게 하는가? 바쁘다고 하면 방해하지 않는 게 예의 바른 행동이니가만히 있어야 할까? 고민하는 세일즈맨들을 향해 어도비코리아의 고객 성공 총괄 유재구 상무는 이렇게 말했다. "고객과 대화하기도 전에 왜 상상만 하고 있나요?" 고객에게 자주 가라! 세일즈의 주체는 나다. 고객은 내가 리드한다.

질문

고객은 질문을 원한다

고객의 침묵이 분위기를 압도하고 있다면? 질문을 던져 고객의 '입'을 열어라. 사실 PT 자리는 서로가 격식을 갖춰 임한다. 고객사의 경영진이 참여하는 경우도 많기에 엄숙하고 경직된 분위기가 되기 쉬워서 PT를 하는 사람도 고객사의 직원들도 긴장할 수밖에 없다. 속내를 솔직하게 털어놓으며 해결책을 논의하는 자리는 아니다. 또한 PT는 발표자와 청중(고객)의 입장이 다르다. 발표자 입장에서는 대단히 중요하며, 경우에 따라 사활을 걸기도 한다. 하지만 청중의 입장은 그렇지 않다. PT장이 그들에게는 '그냥 듣는 자리'다.

경쟁 PT는 낙점 대상을 어느 정도 내정해놓기도 한다. 발표자들의 발표 내용을 사전에 어느 정도는 파악하고 있다. 그러니 궁금하지 않고, 자신도 모르는 특별한 이야기가 나올 것이라고 기대하기 힘들다. 청중 입장에서는 집중을 잘 못하고, 어찌 보면 안 해도 되는 자리일 수도 있다. 그래서 발표자 입장에서 청중(고객)의 주의를 환기시켜주는 스킬이 필요하다.

예전 암호화 솔루션 업체에서 일하던 이문형 지사장은 중요한 PT장에서 난관에 봉착했다. 이 시간은 지난주까지도 업체에서 매우 급하게 요청하던 '암호화 솔루션'에 대한 제안 PT 자리였다. 그런데 정작 발표에 아무도 관심이 없는 것이 아닌가? '이러다가 아무것도 안 되겠다. 다른 방법을 써야겠다.' 이 지사장은 발표가 중간 정도 진행된 상황에서 발표를 잠시 멈추고 질문했다. "혹시 지난 슬라이드에 궁금하신 사항이 있으신가요?"

주의 환기 질문에도 아무런 반응이 없었다. 그러자 이 지사장은 다시 질문을 던졌다.

"오늘 미팅에서 제안해드린 서비스가 귀사가 원하시는 것과 일치하지 않는다면, 저희가 군이 하고자 하는 것보다 잘 맞는 다른 업체를 소개해드리는 것이 옳다고 봅니다. 그러니 편히 말씀해주세요. 가장 필요하신 것이 뭘까요?"

그의 단도직입적인 질문에 비로소 회의 참석자들이 고개를 들고 그를 바라보았다. "실은 저희가⋯⋯." 침묵을 깨고 고객사에서 한 사람이 말을 시작하자 이후 봇물 터진 듯이 고객사의 솔직한 이야기가 쏟아져나왔다. 알고 보니 그 자리에 있던 사람들은 이 지사장이 발표 중인 분야에 대해서는 관심이 없었다. 발표 당일 아침에 '보안 위협 사전 탐지' 분야에 대한 기사가 떴고, 그 분야가 갑자기 회사의 중요한 이슈가 된 것이다. 발표를 진행하는 '암호화' 내용은 그 분야와는 관련성이 떨어졌다. 그들의 입장에서 중요하지 않은 것이다.

이 지사장은 상황의 변화를 알게 되었고, 그 고객과의 사업을 다른 각도에서 검토할 수 있게 되었다. 이 지사장은 일반적인 PT의 틀을 깨고 참석자들의 속내를 관통하는 질문을 던진 덕에 고객사의 솔직한 마음을 알아낼 수 있었다. 고객이 내 이야기에 '지속적으로 무관심'하다면, 질문을 통해 주의를 환기해보라. 질문은 내게 가장 많은 시선을 보낸 사람, 나와 가장 많은 업무를 논의했던 사람 순으로 하는 편이 효과적이다.

나는 국내외 대기업 임원들 앞에서 PT를 자주 했다. 외국계 회사의 임원들은 대개 관심을 보이지 않거나, 호기심을 가지고 질문을 많이 던지거나 둘 중의 하나다. 또는 무관심한 태도를 보이다가도 자신의 전문 분야에 대한 내용이 나오면 귀를 쫑긋 세운다. 그리고 날카로운 질문을 던지려고 노력한다. 그들의 질문이 가볍더라도 무시하면 안 된다. 일단 "좋은 질문입니다"라고 인정해주고 성심성의껏 답을 한다. 그리고 가능하다면 역질문을 한다.

"말씀대로 작년까지 진행해왔던 MQLMarketing Qualified Lead 팔로업이 매출 성과로 이어지지 않아, 이에 대한 해결을 위해 저희에게 연락하신 것으로 아는데요. 저희도 여러 프로젝트를 진행하다 보면, 영업 기회를 발굴하고 유관 세일즈 팀에 전달하고 추가 접촉을 진행하는 과정에서 문제가 많이 발생하기도 합니다. 혹시 상무님께서는 이러한 과정에서 가장 핵심적인 문제 요소가 뭐라고 생각하시나요?"

질문을 인정하고 의견을 묻는 것이다. 이 질문을 들은 고객이 열변을 토하기 시작하면 대화는 절반의 성공을 거둔 것이다. 그다음으로 고객의 답변을 간략하게 정리해주고, 나의 경험과 사례를 이야기해준다. 그러면 고객은 나를 전문가로 인식하고 태도를 바꾼다. 심지어 '기승전 가격이다'라는 말로 상징되는 단가 경쟁도 무의미하게 된다. 중요한 순간에 핵심 질문을 던지고 정리하고 경험을 공유하는 연습을 해보자.

제대로 된 질문지를 만들어라

내가 얼마 전 코칭을 했던 신입 세일즈맨이 있다. 그는 세일즈를 잘
하겠다는 열망이 넘친다. 고객과 전화를 할 때면 의욕이 넘쳐서 열
심히 설명한다. 그런데 문제가 있었다. 대화의 상대방은 전혀 들을
준비가 안 되어 있다는 것이다. 이 세일즈맨은 자기 이야기에 심취
해서 상대방을 전혀 신경 쓰지 않는다. 게다가 고객에게 질문하고
상대의 대답을 기다리는 대신 자신이 나서서 대답을 가로챈다. 조
급하기 때문이다. 조급하면 성공할 수 없다.

　"아 네, 저희 서비스는 도입하실 때 초기 비용이 거의 들지 않기
때문에 부담이 없습니다. 그래서 과장님이 결재를 올리실 때도 굉
장히 좋으실 겁니다. 이용의 불편함도 걱정이 될 수 있는데요? 한
달에 한 번씩 제품을 바꿔 드리기 때문에 이용하기도 아주 편하실
거예요. 하하."

　어찌 보면 열정 있어 보이지만, 고객의 이야기를 들을 만한 여유
가 없다 보니 자신의 말만 쏟아내고 있다. 고객 입장에서는 '그래

서 어쩌라고?'라는 반응이 나올 수밖에 없다. 비슷한 실수를 하는 세일즈맨들에게 제일 먼저 필요한 것은 '제대로 된 질문지'를 만드는 것이다. 다음 항목을 참고해보자.

- 우선 질문을 할 수 있도록 질문지 만들기부터 연습한다.
- 질문지를 만들며 고객의 이야기를 담을 수 있는 그릇을 만든다.
- 질문들을 고객 관점으로 다시 바꿔본다.
- 이렇게 해서 최소 20개의 질문 리스트를 만든다.
- 롤 플레이를 한다. 서로 고객이 되고 세일즈맨이 되어 세일즈 대화 연습을 한다.
- 질문을 한 다음 2초를 기다린다. 기다림도 연습이 필요하다.
- 질문 리스트를 다시 정비한다.
- 실무 적용 후 변화를 확인한다.
- 변화 후 이슈를 다시 정비한다.

이런 과정을 거치면 고객 관점에서 바라보게 되고, 준비된 자세에서 편안하게 대화를 이끌 수 있다. 어느 날 기업 대상 전문 강사인 지인이 이메일을 보내왔다. 세일즈맨들이 고객에게 꼭 필요한 질문조차 하지 않아서 영업 기회를 날려버린다는 내용이었다. 그러면서 자신의 아내가 겪은 일화 하나를 들려주었다.

어느 금요일 낮, 아내한테서 다급한 전화가 걸려왔다.

"여보! 차가 도로 한가운데서 멈췄어! 어떻게 해야 하지?"

도로 한복판에 있는 아내도 전화를 받는 그도 참으로 난감하고 당황스러웠다. 다행히 바로 정비소 직원이 와주었고 차는 수리했지만, 그의 아내는 더는 사고가 난 차를 믿을 수 없다면서 주말에 신차를 구매하러 가자고 말했다. 그도 아내의 의견에 동의해 총 3개 매장을 방문했다. 그리고 나는 자동차 판매점 영업 사원들에게서 인상적인 공통점을 발견했다. 3개 매장 직원 중에서 그의 아내가 왜 차를 바꾸려고 하는지, 구체적으로 어떤 기능이 있는 차를 원하는지 물어본 영업 사원이 한 명도 없었다는 것이다. 그의 아내에게 이런 기본적인 질문만 했어도 사고가 난 차 대신 안전한 차량을 구매하고 싶다는 요지의 답변을 했을 것이고, 영업 사원은 안전 관련 추가 옵션을 판매할 기회를 얻을 수 있었을 것이다.

마지막으로 방문한 전시장의 영업 사원은 견적서를 뽑고 돌아서 나올 때가 되어서야 언제쯤 판매 의사를 정할지 물었다. 그 질문이 영업 사원에게 들은 첫 번째이자 마지막 질문이었다.

이렇듯 아직도 많은 세일즈맨이 고객에게 제품을 설명하는 것만이 자기의 본분이라고 생각하는 것 같다. 고객 입장에서 생각하지 못하는 것이다. 미국에서 3,000명이 넘는 세일즈맨들을 대상으로 통계를 내보니 '고객이 왜 관심이 있고, 무엇을 힘들어하는지 궁금해하고 질문하는' 세일즈맨들이 가장 돈을 잘 번다고 한다.

당신이 세일즈맨이고 오늘 고객을 만난다면, 무엇을 말할지보다 어떻게 들을지를 고민해보면 좋겠다. 어떻게 들을지를 고민하다 보면 어떻게 질문할지를 생각하게 될 것이다. 수첩을 들고 귀를 기울여보자. 제이케이엘컴퍼니의 사옥에는 이런 글귀가 적힌 액자가 걸려 있다. "내가 듣고 싶은 것만 듣는가? 내가 하고 싶은 말만 하는가? 고객도 마찬가지다. 내가 듣고 싶은 것만 듣고 내가 하고 싶은 말만 하는 세일즈는 성공할 수 없다."

Chapter 3

말 속에
숨은 뜻을
찾아라

이유

"왜 오셨어요?"

제이케이엘컴퍼니는 영업 대상 기업에 연락하기 전 RTC reason to call를 반드시 확인한다. 고객이 "무슨 일로 전화하셨어요?"라고 물었을 때 당황하지 않고 분명한 이유를 대기 위해서다. 이 RTC가 구체적이지 않거나 분명하지 않다면 고객이 우리와 대화하고 싶어 할 확률은 거의 없다. 그도 그럴 것이 고객은 갑작스럽게 찾아온 세일즈 상대를 맞이할 이유도 여유도 없다. 그들이 갑작스러운 방문객에게 할 수 있는 말이라고 해봐야 "도대체 왜 우리를 찾아왔죠?", "우리한테 무엇을 바라고 온 거죠?"라는 말 정도뿐이다.

따라서 우리가 고객에게 처음으로 전화(혹은 방문)할 때는 내 제품이 아니라 고객의 반응에 초점을 맞춰서 '왜'라는 질문에 답할 준비를 해야 한다. 고객의 '왜요?'는 "도대체 우리한테 무슨 도움을 줄 수 있다고 생각하길래 이렇게 연락했나요? 또는 찾아왔나요?"라고 말하고 있다. 이럴 때 내가 판매하려는 상품의 특징을 설명하는 것은 고객에게 아무런 감흥을 주지 못할 뿐만 아니라 오히려 부정적인 반응을 보이게 만든다.

영업 사원 A는 300석 이상의 병상을 가진 중대형병원 중 하나인 C병원을 찾아갔다. 지인을 통해 이 병원의 원무과장 B를 소개받았다. 최근 개발한 재활 치료 기기를 소개하기 위해서다. A는 B가 그 기기 구매 담당인지는 명확하지 않지만 일단 관계자라고 알고 있었다. B는 지인을 통해 소개를 받았다고는 하지만, 그 제품에 대해 잘 알지도 못하고 병원에 필요한 제품인지도 몰랐다. 그래도 소개를 받은 입장에서 안 만나는 것은 지인에게 진 신세도 있고 해서 만나는 주어야지 하고 미팅을 허락했다.

B 앞에 앉은 A는 자신을 소개하고, 시간을 내줘서 고맙다고 인사한다. 그리고 '제품'을 설명하기 시작한다. 본 제품은 환자들이 재활 치료를 할 때 근육에 무리가 가지 않도록 1킬로그램 단위로

무게를 조절할 수 있고, 유사한 제품을 만든 유럽 제품에 비해서 값은 3분의 1 정도밖에 안 된다고 말한다. A의 설명은 10분 넘게 이어졌다. B의 표정이 점점 굳어지고 대화를 종결하고 싶어 하는 느낌이 확연하다.

이 대화는 일반적으로 고객의 관점을 고려하지 않는 영업자의 관점을 보여주는 사례다. 이를 고객 관점의 대화로 바꿔보자.

"과장님, 귀한 시간이니 짧게 현재 병원의 상황을 확인하고 타 병원에서 재활 치료와 관련된 이슈들을 어떻게 해결하고 있는지 사례를 공유하고 이슈 해결안을 말씀드려보고자 합니다. 미팅은 30분 이내면 충분할 텐데, 시간 괜찮으신지요?"

"네, 괜찮습니다."

"네, 감사합니다. 과장님이 재활 치료 기구 구매에 관여하고 계시다고 들었습니다. 맞으시죠? 네, 귀 병원과 유사한 나다병원에서는 저희 기구를 통해 환자와 물리치료사 모두 만족스러운 결과를 얻었습니다. 이 병원은 어떻게 재활 치료를 하고 있나요?"

"나다병원에서 그 기구를 쓰고 있어요? 어떻게 쓰고 있나요?"

"나다병원의 사례에 대해서는 잠시 후 자세히 공유해드리겠습니다. 우선 이 병원의 현황이 어떤지를 알면 좀더 그에 맞춰 설명해드릴 수 있겠습니다. 현재 사용하는 기구는 어떤 형태인가요?"

이 물건은 꼭 필요합니다

흔히 판매자는 내 제품이 반드시 어떤 가치를 창출한다고 착각한다. 그러나 고객이 사용하지 않는 제품은 아무 쓸모가 없다. 구슬이서 말이라도 꿰어야 보배라는 속담처럼, 아무리 뛰어난 첨단 기술을 사용했다 할지라도 고객이 사용하지 않으면 아무런 소용이 없다. 그렇기에 판매자는 자신의 제품을 고객이 쓸 수밖에 없는 이유를 만들어주어야 한다. 그러자면 고객의 문제가 무엇인지, 고객이 어떤 점을 개선하고 싶어 하는지, 고객이 앞으로 무엇을 하고 싶은지를 알아야 한다. 고객의 '문제와 이유'를 알아야 한다.

고객의 고통이 수요를 낳는다. 현재 고객이 쓰고 있는 제품은 구매 당시에 최적의 선택이었다. 문제가 아예 없거나 지금도 최선이라는 것은 아니다. 문제가 없는 고객도 없고, 문제가 없는 제품도 없다. 작든 크든 고객이 느끼는 고통이 내 제품이 진입할 기회가 된다. 고객을 만나기 전에 어떻게 상대의 문제를 알 수 있느냐고? 우선 내가 현재 만나고 있는 고객이 느끼는 고통이 그 실마리가 될 수 있다. 그의 고통에서 출발해보면 유사한 잠재 고객을 만날 때 그가 가지고 있는 고통을 유추해볼 수 있다. 초록은 동색이다. 병원 관계자들은 병원 사람들끼리, 호텔 관계자들은 호텔 사람들끼리, 학교 관계자들은 학교 사람들끼리 만나서 서로의 이야기를 공유한다.

제이케이엘컴퍼니의 세일즈 파트너 중의 한 곳은 기업을 대상으로 하는 택시·대리 서비스와 솔루션을 제공한다. 그 파트너 회사의 서비스와 솔루션을 세일즈하기 위해 우리 회사는 수천 개의 기업들을 리스트업했다. 영업 사원이 많고 세일즈 활동이 활발할 것으로 분류되는 기업이 대상이었다. 우리의 전화를 받아야 하는 이유RTC를 정립하고 세일즈 콜을 시작했다.

우리가 세일즈 콜을 진행하면서 준비한 여러 질문을 통해 듣게 된 기업 담당자들의 소리는 우리가 초기에 생각하지 못했던 문제들을 발견하게 해주었다. 기업들이 해당 솔루션을 적극적으로 쓰지 않는 이유는 단돈 1,100원의 수수료 때문이었다. 10건을 사용해도 11,000원밖에 되지 않으니 크게 신경 쓰지 않았는데, 기업의 담당자들로서는 기존에 무료로 사용하고 있던 것을 단돈 얼마라도 추가로 내야 한다고 하니 사용하겠다고 보고하기가 어려웠던 것이다. 세일즈를 진행하는 우리만 생각하고 우리 관점에서 '그건 큰 문제가 아니겠지'라고 쉽게 단정한 게 실수였다.

해당 솔루션을 만드는 파트너 K사에 이 이슈와 함께 여러 가지 다양한 고객의 소리(언어)를 그대로 전달하니 그들도 놀란다. 그러한 문제점이 있는지 처음 알게 되었다고 한다. 그동안 왜 그렇게 몰랐을까 싶지만, 우리도 고객의 고통을 별거 아닌 것으로 생각했듯이 그들도 그러한 실수를 했던 것이다. 더 큰 문제는 '오랫동안 몰랐다'는 것이다. 그 솔루션의 다른 장점이 그 문제는 쉽게 덮을 거라고 생각한 채 고객에 대한 생각은 둘째로 하고 솔루션의 기능을 확대하는 것만 생각한 것이다. 그래서 성과가 나오기까지 시간이 훨씬 더 오래 걸렸다. 이제는 여러 가지 다양한 고객의 고통을 해소하기 위해 다방면으로 노력하고 있다.

2001년 설립된 세그웨이라는 회사에서 발명한 전동 이동 기구가 있다. 스티브 잡스, 제프 베저스 등이 극찬한 제품이다. 전기 충전으로 이동하기에 공해도 발생시키지 않고, 기기가 무게 중심을 잡아주어 1인 이동 수단으로 훌륭한 제품이었다. 그런데 이 획기적 신기술은 한때 큰 관심을 일으켰지만 시장에서 외면당했다. 1,000만 원 이상의 고가 제품인데다 전기 충전 후 이동 거리 문제, 안전 문제 등으로 인해 실패한 제품으로 남게 되었다. 고객의 문제를 적극적으로 풀지 않고, 고통 속에서 기회를 찾지 못한 것이다. 여러분은 고객의 관점에서 '왜 당신인가why you'에 답할 수 있는가?

차단

"저희 거래처 있어요"

고객들은 새로운 제안을 받을 때 "괜찮아요", "기존 방식대로 할게요", "기존 거래처와 잘 지내고 있어요"라고 하면서 방어막을 친 채로 문을 열어주지 않으려고 한다. 이럴 때 일반적인 세일즈맨은 "아, 그렇군요. 네, 알겠습니다" 하고 포기한다. 그러나 남다른 세일즈맨은 이럴 때도 그대로 물러서지 않는다. 특히 반드시 획득해야 할 잠재 고객이라면, 고객에게 자신을 어필하기 위해 다음의 방법을 쓴다.

"그러시군요. 거래처가 있으실 거라고는 생각했습니다."

먼저 낯선 판매자에게 거부감을 느끼는 고객의 입장에 공감해주고, 그다음엔 자신이 줄 수 있는 혜택을 제안한다.

"혹시 지금 사용하시는 서비스가 잘 활용되고 있는지 제가 한번 봐드릴까요?"

마지막으로 고객에게 먼저 도움을 건넨다.

"반드시 저희 서비스를 도입하지 않으셔도 되지만, 온 김에 기존 상태를 진단해드리겠습니다."

대부분 고객은 현재 사용하고 있는 서비스에 하나 이상의 불편을 느끼고 있다. 프로 세일즈맨은 이런 틈을 놓치지 않고 파고들어 간다. 문제점을 짚어주고 임시적이라도 대안을 주고 나오면, 그때 바로 교체하지는 못하더라도 고객은 나중에 꼭 그를 떠올릴 수밖에 없다.

'파킨슨의 법칙'에 따르면, 어떤 일이든 주어진 시간이 모두 소진될 때까지는 다른 일을 할 수 없이 늘어진다고 한다. 교체, 변경, 변화는 누구에게나 낯설고 두렵다. 그러나 고객이 기존 서비스에 만족하지 못하는 순간은 반드시 찾아오고, 그 순간 고객은 자신의 문전박대에도 친절한 혜택을 제안했던 당신을 떠올리게 된다.

고객의 방어막

문지기의 역할은 문을 지키는 것이다. 우리가 세일즈를 하면서 제일 두려워하는 것이 '문전박대'다. 문지기가 문도 안 열어주면 어떡하지? 고객이 안 만나주면 어떡하지? 무조건 안 된다고 하면 어떡하지? 말도 안 되는 소리라고 하면 어떡하지? 상대도 안 하려고 하면 어떡하지? 온갖 걱정 때문에 많은 세일즈맨이 고객을 찾아나서길 꺼린다.

그런데 말도 안 통하는 먼 타국에 무작정 가서 시장 진입에 성공한 사람이 있다. 축구 데이터 분석 스타트업 비프로컴퍼니의 강현욱 대표는 2017년 무작정 독일로 향했다. 그는 독일어도 제대로할 줄 몰랐지만 '세계 축구 중심인 유럽으로 가자. 가서 무조건 만나보고, 일단 우리 프로그램을 사용해보게 만들자'는 생각만 했다.

처음 만난 축구팀은 분데스리가 5부 팀 '콘도르'였다. 그가 "카메라 3대로 축구 경기의 모든 데이터를 분석할 수 있다"고 하자 감독과 코치들은 "말도 안 된다"고 잘라 말했다. 그러나 강 대표는 포기하지 않고 "딱 한 번만 써보라"고 절실하게 요구한 끝에 경기장에 카메라를 설치하고, 콘도르 팀의 경기를 소프트웨어로 분석하는 시범을 보일 수 있게 되었다.

성공적인 시범 설치를 시작으로 2년 뒤인 2019년에는 비프로 컴퍼니의 축구 경기·훈련 데이터 분석 소프트웨어인 '비프로11'이 전 세계 10국 213팀이 사용하는 세계적인 제품이 되었다. 기억하라. 고객들의 방어막은 좋은 제품이나 솔루션에 문을 열어주기 위한 것이지, 절대 열지 않기 위해 놓여 있는 무적 방패가 아니다. 자신감과 함께 절실함을 전달했을 때 고객의 반응은 다르다. 내가 고객의 입장일 때도 자신감을 풍기는 세일즈맨은 다르게 보인다.

'아무 조건도 필요 없다. 써보시고, 아니면 바로 물러나겠다.' 이 정도의 마음이 고객에게 전달되면, 차가운 마음도 움직이게 되어 있다. 문전박대는 '한 번 더 오라'는 고객의 애정 어린 충고다. 필요하다면 절실하게 진입해야 한다.

지연

"검토하고 연락드릴게요"

이진성 감독의 드라마 〈오늘도 일 없습니다〉는 탈북 가족의 한국 정착기를 그린 웹드라마로 실제 탈북민들이 주연 배우로 출연한다. 취직하려고 열심히 노력하고 있는 탈북자가 나갔다가 와서 가족들에게 들뜬 얼굴로 말한다. "오늘 면접 세 군데나 봤어. 남한 사람들 참 친절해. 가는 곳마다 연락 주겠다고 기다리라 하네. 그리고 요 앞 복덕방 아저씨는 새로 이사 왔다니까니 밥 한번 먹자 하네. 앞으로 바빠지갔어." 그 말에 가족들도 "정말이야요?"라며 좋아한다. 하지만 전화벨은 울리지 않고 탈북자는 1년 넘게 취업을 하기 위해 뛰어다닌다.

우리나라와 북한은 같은 언어를 쓰지만, 표현법이나 그 의미가 상당히 다르다. 우리나라 말의 중의적 표현은 북한 사람들에게는 외국어나 마찬가지다. 당신이 고객과 미팅을 마치면서 "좋네요. 검토하고 연락드릴게요"라는 고객의 말을 듣는다면, 여러분은 기대 수준을 어떻게 세팅할 것인가? "아싸, 표정이 좋았어. 검토한대"(1) 라며 좋아해야 할까? "아, 안 된다는 얘긴가?"(2)라고 실망해야 할까? "검토 후 얼마나 달라질지 모르겠네"(3) 하고 신중해야 할까?

여러분은 몇 번을 선택하겠는가? 그렇다. 3번이다. 고객은 아직 구매하지 않았다. 엄밀하게 고객이 아니다. 잠재 고객일 뿐이다. 잠재 고객은 지금 구매에 대한 어떤 구체적인 이야기도 하지 않았다. 1, 2번은 그저 추정일 뿐이다. 함부로 예단했다가 틀렸을 경우, 대응이 안 된다. 여러분의 고객이 "생각 좀 해볼게요"라고 하는 말을 믿지 마라. 그는 생각하지 않을 것이다. 사실 생각해보겠다는 말의 진짜 의미는 둘 중 하나다. 사실대로 말할 경우 당신의 실망하는 모습이나 부정적인 반응이 염려되어 싫다고 말하기가 어렵다는 의미이거나, 고객이 요구하는 관심이나 니즈를 채워주지 못했다는 의미다.

이 말도 거절이라고?

사겠다는 건지, 안 사겠다는 건지, 바빠서 못 산다는 건지, 아무 생각이 없다는 건지, 도통 모를 게 고객의 말이다. 정말 모호하다. 모호한 것을 정의해주는 사람이 있다면 도대체 "지금 좀 바빠서요"가 정말로 무슨 뜻이냐고 물어보고 싶다.

고객들의 거부 유형에는 크게 두 가지가 있다. 직설적으로 "저희 관심 없으니 연락하지 마세요" 하는 유형과 "제가 담당이 아니라 잘 모르겠네요", "두고 가시면 담당에게 전달할게요", "지금은 바빠서…… 일단 두고 가세요"라며 거절을 지연하는 유형이다. 후자는 거절인 듯 거절 아닌 듯해서 그 뜻을 파악하기 모호하다. 그러나 대부분은 거절의 의사라고 생각해야 한다. 바로 앞에서 거부하기 미안하니 바쁘다는 말로 상황을 벗어나려는 것일 뿐, "지금 좀 바빠요"는 '정중한 거절'이다. 이럴 때 참 어렵다. 고객이 절대 안된다고 한 것은 아니니 '자, 다음!' 하고 가망 리스트에서 삭제하기도 쉽지 않다. 아깝기도 하다.

"자료를 보내주시면 볼게요"는 일단 그 자체로 고객이 관심을 보이는 것으로 오해할 수 있다. 그런데 이런 경우도 일단 보수적인 지연 거절로 분류하는 것이 좋다. 이 표현이 지연 거절이 아닌 진짜로 '자료를 보내달라'는 뜻을 가지려면 다른 표현이 추가로 붙어야 한다. 이를테면 다음과 같은 부가적인 설명이나 추가 질문 등이 있을 것이다. "사장님 지시로 검토하고 있었어요", "시스템을 구현하는 데 시간이 어느 정도나 걸리나요?", "실제 진행할 경우 비용은 얼마 정도 되나요?" 등의 구체적인 관심 언어들이 포함된 '자료 보내주세요'는 조금 안심할 만하다.

"제가 담당자에게 이야기해놓을게요"는 어떨까? 누구나 자신이 직접 거부하는 것을 싫어한다. 상대방에게 안 좋은 이야기를 거리낌 없이 할 수 있는 사람은 드물다. 자신이 직접 거절하지 않고 다른 사람이 거절하게 되면 마음이 편해진다. 담당자를 바꿔주어도 좋을 텐데 그렇게 하지 않는 이유는 그 담당에게 나중에 들을 수도 있는 원망 때문이다. 담당자에게 이야기를 해주는 사람도 있겠지만 그런 경우에도 "텔레마케팅인 거 같아서 안 바꿔주었어요" 정도일 가능성이 크니 기대하지 않는 것이 좋다.

"팀장님께 물어볼게요"도 마찬가지로 상급자를 빌려서 거절하는 것이다. 자신이 직접 거절하기도 싫고 괜히 상급자를 바꿔주었다가 꾸중을 들을 수 있기 때문에 차단하는 것이다. 팀장님에게 이야기는 하겠지만 이 경우도 이야기하지 않을 가능성이 크다.

"혹시 담당하는 분이 있나 물어볼게요"라는 모호한 거절도 있다. 조직이 작으면 역할 분담이 모호하거나 누가 담당하는지를 이야기하기 어려울 때가 있다. 자신이 담당한다고 이야기하기도 싫고, 그렇다고 "저희는 그런 거 안 해요"라고 이야기하기도 싫으니 모호한 답으로 거절하는 것이다. 나중에 회사에서 오래 근무한 사람에게 물어볼 수도 있겠지만, 그것도 기억이 날 때나 가능한 일이다.

"그냥 한번 봤어요"는 매장을 방문하는 고객이 제일 많이 하는 말이다. 홈페이지에 들어와서 자료를 다운로드받거나 기록을 남겼기에 확인해서 전화 연결을 했을 때 자주 듣는 말이기도 하다. 자신의 추가 정보를 노출하기 싫거나 그 이상의 대화를 원하지 않을 때 이런 표현을 쓴다.

여러분이 이런 지연 거절의 말을 들으면 곧바로 그다음 스텝을 준비해야 한다. 일단은 고객의 반응이 매우 부정적(앞으로 전화하지 마세요)이지 않을 경우, 다음 연락 계획을 세워두는 것이 좋다. 내게 그들의 지연 거절을 뚫을 만한 비장의 무기가 있다면 쓰면 되겠지만, 일단 고객에게 이런 말을 듣는다는 것은 세일즈 대화가 성공적이지 않았다는 뜻이다.

차별

"뭐가 달라요?"

내가 참여하는 한 비즈니스 모임에서는 정기 모임 시간에 회원들이 돌아가면서 10분 정도 자신의 비즈니스를 자세히 소개할 기회를 준다. 정기 모임 때마다 한 사람에게만 기회가 있기 때문에 수십 명의 회원이 한 번씩 발표하다 보면 1년에 한 번 정도 기회가 온다. 발표 기회가 자주 오지 않기도 하고, 이 시간을 통해 자신의 비즈니스에 필요한 도움을 구체적으로 요청할 수도 있기에 당사자는 정성 들여 발표를 준비한다. 보통 파워포인트로 만든 자료를 올려서 공유하고 자신의 회사나 비즈니스를 소개하는 PT를 하는데, 질문을 받는 순서에서 빠지지 않고 들어가는 질문이 있다. "다른 경쟁사와 비교해 그 솔루션·제품·서비스의 차별점이 뭔가요?"

고객(청중) 입장에서는 할 만한 질문이다. 그런데 프레젠테이션하는 사람이라면 당연히 넣을 것 같기도 한 이 내용을 넣어서 오는 이는 거의 없다. 자신의 제품에 취해 장점이나 기능만 잔뜩 이야기하면서 소개를 많이 해달라고 한다. 문제는 듣는 회원들이 갸우뚱하게 된다는 것이다. 우리나라는 비교 사회라고 할 정도로 비교를 많이 한다.

일등이는 이번에 전교 1등 했다고 하는데, 이등이는 어느 대학 들어갔다고 하는데, 삼등이는 결혼해서 손주 데리고 왔던데. 그렇게 비교를 많이 당하면서 살아와서 그런지, 역설적으로 비교 우위나 차별점을 직접 설명하는 연습이 되어 있지 않다. 하지만 고객은 판매자의 상품이 다른 상품과 뭐가 다른지 꼭 알고 싶어 한다. 실컷 제품을 설명했는데 고객이 반응이 없거나 "글쎄요", "잘 모르겠네요"라고 할 때는 이 제품이 뭐가 다르다는 건지 잘 모르겠다는 의미다.

차별화는 작은 것에서 시작된다

의사, 변호사, 회계사, 세무사 등 전문 직종에 있는 사람들일수록 차별화에 오히려 더 어려움을 겪는다. 변호사들에게 "뭘 잘해요?"라고 물으면 "법과 관련된 거면 뭐든 다 하죠"라고 한다. 다 잘한다는 것은 특별히 잘하는 것이 없다는 말과도 일맥상통한다. 전문가들도 어려워하기에 차별화가 쉽지는 않지만, 고객은 또 반드시 차별화를 원한다.

내가 잠재 고객을 만났을 때 자주 듣는 이야기는 "인사이드 세일즈? 그게 뭐죠?" 또는 "그럼 전화로 세일즈를 한다는 건데 텔레마케팅과 뭐가 다르죠?"이다. 우리를 잘 모르거나 처음 접하는 사람들은 우리의 비즈니스가 생소하다. 이때 간결하고 확실하게 답을 하지 못하면 새로운 영업 기회를 잃는다. 그래서 우리는 이렇게 이야기한다.

"저희는 남들과 다른 질문을 합니다. 텔레마케팅이 일방적으로 메시지를 전달한다면, 저희는 정보를 얻기 위해 고객에게 직접 질문을 합니다."

"저희는 B2B(기업 간 거래) 부분만을 전문적으로 수행하며, 구체적 구매 기회가 있는 고객들을 연결해서 집중할 수 있게 도와드립니다."

설명이 길어지면 지루하다. 요점도 잃는다. 나의 핵심이 전달되지 않는다. 고객은 기다려 주지 않는다. 여러분이 특정 분야를 세일즈하고 싶다면 특히 차별화에 집중해야 한다. 우리는 보통 내 제품이 좋다고 이야기하는 것에만 익숙해서, 이게 좋고 저게 좋고 싸고 어쩌고 하는 이야기만 한다. 그런데 문제는 그런 표현은 고객에게는 와닿지 않는다는 것이다. 고객 관점에서는 자신에게 딱 맞는 장점이 뭔지를 알고 싶다.

우리는 보통 차별 대우를 싫어하지만 '내게 좋은 의미의 특별 대우를 받는 것'은 좋아한다. '나를 위한 특별한 혜택은 내가 그 제품을 선택하는 이유'가 되기 때문에 늘 주의 깊게 차별화 포인트를 찾는다. 고객이 갸우뚱하면 '당신 제품의 매력 포인트를 못 찾겠으니 빨리 찾아보세요!'라는 의미라고 생각하고 준비해야 한다. 이를테면 이런 식이다.

"이런 혜택은 어느 호텔에서도 누릴 수 없습니다." (혜택 차별화)

"이 제품은 병원 업계에서 300병상 이상의 병원 중에서 50퍼센트 이상이 사용합니다. 환자들이 'A 제품 없나요?'라고 물어보는 제품이죠." (분야 세분화를 통한 차별화)

"저희 앱은 서울 강남구에서 자영업하는 분들은 꼭 한번 써보고 싶어 하죠. 이미 강남구 사업체 중 3분의 1 이상은 도입해서 쓰고 있습니다." (지역 세분화를 통한 차별화)

기부를 통한 색다른 차별화 전략을 세운 회사도 있다. 신발 브랜드 '탐스'는 신발 한 켤레를 팔 때마다 빈곤국 아이들에게 신발 한 켤레를 나눠주는 일대일 기부를 통해 브랜드 이미지를 차별화했고, 창업 3년 만에 연매출 5,000억 원을 기록했다.

서울 마포구에 있는 '바라봄 사진관'은 고객이 사진을 찍을 때마다 장애인, 미혼모, 다문화가정, 독거노인 등 소외 계층의 사람들에게 촬영권을 준다. 일대일 기부 방식 도입 후 손님도 늘어났다. 심지어 추가로 돈을 기부하면서 소외된 이웃을 위한 사진을 더 많이 찍어 달라는 사람도 꽤 있다. 다 똑같겠지 하고 생각하는 고객을 위해 차별화 포인트들을 참조해서 나만의 특별한 포인트를 찾아보자. 하나하나 찾아가다 보면 당신은 어느새 경쟁자들과 상당히 달라져 있을 것이다.

선택

고객이 선택하게 하라

기업들에 고객을 찾아주는 게 전문인 제이케이엘컴퍼니에서 두각을 나타내는 세일즈맨은 고객 관점에서 그들의 언어를 끊임없이 고민하고 들으려고 노력하는 사람이다. 그의 질문 양과 경청 시간은 압도적이다. 그는 고객과 대화하며 고객이 원하는 바를 듣는다. 그러면서 좋은 사례를 미끼를 던지듯이 슬쩍 풀어놓는다. 그럼 고객은 궁금해진다. 예를 들면 이런 식이다.

"B사는 저희 온라인 마케팅 플랫폼을 도입한 후 매출이 70퍼센트 상승했다고 합니다. 혹시 궁금하시면 더 자세한 내용을 들려드릴 수 있는데요."

이럴 때 고객사는 '우리는 무엇을 하고 있는 걸까?', '대표님이 그런 사실을 알게 되면?'과 같은 생각을 하게 된다. B사의 사례는 바로 그들의 언어가 되는 것이다. '어떻게 하면 생산성이 올라가고 매출이 올라갈까?' 늘 고민하는 그들의 언어로 사례를 들어 이야기하니 더 와닿을 것이다. 이렇게 고객 입장에서 그들의 언어로 세일즈가 시작되면 애써 팔아야 하는 방식이 아닌 고객이 자발적으로 선택하는 방식으로 거래가 진행된다.

'좋아요'에서 '필요해요'로 바꿔라

2000년 나는 CRM(고객 관계 관리) 솔루션을 세일즈하고 있었다. 그때만 해도 CRM이라는 용어조차 생소했을 때다. "저희 CRM 솔루션은 이러이러한 기능이 있어 고객을 관리할 때 매우 좋습니다"라고 열변을 토해도, 고객들은 관심은커녕 들으려고 하지 않았다. 왜, 좋은 솔루션인데 관심이 없지? 왜, 제대로 들어보려고 하지도 않을까? 답답하고 갑갑했다. 세일즈가 안 되니 기운도 없고 어깨도 축

처졌다.

　그래도 포기할 수는 없으니 고심하다가 '고객에게 필요한 것이 뭐지?'를 곱씹어보게 되었다. 그리고 특정한 분야(네트워크 솔루션 판매 기업)의 회사들은 시장을 선도하고 있는 외국계 C사의 판매 파트너가 되려면 CRM 솔루션이 필요하다는 것에 초점을 맞추었다. '고객이 선택'해야 하는 이유를 찾은 것이다. "귀사가 C사의 파트너가 되고자 하신다면, CRM 솔루션은 필수 조건입니다." 이 말에 고객들이 반응하기 시작했다. 그리고 그해 역대 최고 실적을 올렸다.

　윤태호 작가가 쓴 『미생』이라는 만화가 있다. tvN에서 드라마로도 만들어져 큰 인기를 얻었던 작품이다. 작품 속 인물 장그래는 원인터내셔널이라는 종합무역상사에서 인턴으로 일하고 있다. 어느 날 팀장이 그에게 미션을 부여한다. "10만 원이야. 뭐든 사서 팔아봐." 막막한 장그래는 '뭘 사지? 누구에게 팔지?' 고민하다가 양말과 팬티를 리어카 행상에게서 10만 원어치 산다.

　고객을 찾아 이리저리 헤매던 그는 그와 같은 상사맨들이 자주 가는 사우나 앞에서 그들의 고충이 담긴 말들을 떠올린다. "집에 언제 다녀오냐. 사우나에서 잘게." "아……속옷 또 입어야 해?" "사우나 갈 줄 알았으면 집에서 갖고 나올걸." 나도 종합상사에서 사회생활을 시작했기 때문에 그들의 이야기가 참 마음에 와닿았다.

장그래는 사우나 앞에서 "선배 상사맨 여러분! 댁에 좋은 양말, 속옷 있으시죠? 그런데 오늘 야근 때 갈아입을 팬티와 양말이 없잖습니까?"라며 그들의 '동정'과 '필요'를 저격한다. 선배로서 공감, 야근 때 입을 속옷과 양말, 완판이다.

다음은 영양크림을 파는 판매원의 한 줄 멘트다. "이 영양크림은 영양이 풍부하고 바르고 나면 빛이 나요." "이 영양크림을 쓰면 남친이 달라져요. 빛이 나니까." 결과는 어땠을까? 여러분이 사람들로 북적이는 서울 명동 거리의 행인이라면 어떤 말에 눈길을 주겠는가?

'싸고 좋은 제품 사세요'는 내가 파는 언어다. 충전용 배터리가 1시간도 가지 않으면 그게 배터리인가? 배터리 성능이 오래갈 거라는 것은 다 안다. '오래가는 배터리'라고 판매원이 외칠 때, '그래서 내가 왜 귀를 기울여야 하는 건데요?' '그래서 왜 사야 하죠?'가 지나가는 사람들의 잠재적인 의식 속의 생각이다. 그런데 "급한 전화가 있는데 배터리가 방전되면 어떻게 하시나요?" "주문을 받아야 하는데 전화기가 꺼졌어요"는 고객의 마음을 파고드는 고객의 언어가 되는 것이다.

'남친이 달라져요'는 '고객이 얻게 되는' 직접적인 혜택을 각인시켜주는 표현이다. 고객은 내가 아무리 제품이 좋다고 떠들어도

'좋은 건 알겠는데 그래서?'라는 생각이 지배적이다. 그래서 내가 고객의 마음도 모르고 열심히 '성능이 2배 좋은 제품 사세요'라고 해도 들리지 않는 것이다. 고객의 표정이 이야기를 하고 있다.

고객들이 불평이라도 해주면 다행이라고 생각해야 한다. "뭐가 좋다는 건지 잘 이해가 안 되네요?" 이렇게 이야기라도 해주면 참 좋겠는데 고객들은 말을 하지 않는다. 무응답이나 침묵이 블랙홀처럼 분위기를 빨아들이고 있다면, 고객은 '내가 당신 말을 왜 듣고 있어야 해요?'라고 묻고 있는 것이다. 이럴 때도 변함없이 내 제품이 어떻게 좋은지를 이야기하면 그 미팅의 결과는 뻔하다. 고객의 뚱한 표정이나 침묵은 이야기한다. "내가 왜 이 설명을 들어야 하죠?" "내가 왜 이 물건을 사야 하죠?" "선택은 제품이 아니라 제가 해요."

동상이몽

같은 단어, 다른 뜻

여러분은 혹시 '영업 기회'라는 단어를 들으면 어떤 뜻이라고 생각하는가? 제이케이엘컴퍼니가 말하는 '영업 기회'란 말 그대로 '수주할 수 있는 확률이 높은 기회'를 의미한다. 우리 생각에는 영업 기회라는 단어를 어떻게 다르게 해석할 수 있을까 싶기도 한데, 그 단어에 대한 고객의 정의는 상당히 달랐다.

우리가 3D 프린팅 솔루션을 만드는 회사와 거래할 당시의 일이다. 영업 사원들이 영업할 수 있는 대상인 잠재 고객 발굴을 원했다. 우리는 영업 기회를 10건 발굴해서 고객에게 전달하기로 고객사와 약속하고 일을 진행했다. 그런데 어느 날 고객사 담당자의 말을 들으며 그들이 영업 기회라는 단어를 우리와 다르게 생각하고 있다는 사실을 알게 되었다.

"저희에게 전달해주시는 '영업 기회'가 프로젝트 시작할 때 저희 생각과 다르네요. 저희 영업 담당이 거래처에 연락을 드리니 아직 구매할 준비는 안 되었다고 하시는데요. 어떻게 된 거죠?"

고객사에 영업 기회 리포트가 전달된 후 제이케이엘컴퍼니 담당 매니저가 받은 피드백이다. 고객사 담당자는 '영업 기회=구매'라고 인식하고 있었던 것이다. 그래서 영업 기회를 전달한다는 뜻이 '고객의 구매 의사'를 전달한다는 것으로 이해한 것이다. 담당 매니저와 실무진은 '뜨아' 했다. '어쩌다가 이런 상황이 되었지?' 영업 기회라는 단어를 정확하게 정의하지 않고 시작했던 것이 오해의 원인이었다. 일반적으로 세일즈는 발견 → 확증 → 제안 → 협상 → 수주·계약 단계로 진행된다.

고객의 니즈가 발견되어 구체적으로 니즈를 확인하고 고객의 확인을 획득한다. 다음으로 고객에게 제안하면 조건을 협상해야 한다. 이러한 일련의 과정을 거쳐 잘 마무리하면 계약에 이르게 된다. 제이케이엘컴퍼니는 이러한 과정을 잘 알고 있다. 그래서 고객도 그 과정에 대해 이해하고 있을 것이라 무심코 결론 내렸다.

고객이 같은 단어를 이야기했다고 해서 서로 같은 정의를 내리고 있다고 생각하는 것은 이처럼 '동상이몽'의 결과를 가져올 수 있다. 서로 관점이 다르기에 그 단어에 대해서 생각하는 바가 다를 수 있다. 고객은 내 관점으로 생각하지 않는다. 그들의 관점에서 좋은 쪽으로 해석한다. 그게 잘못되었다고 이야기할 수 없다. 고객의 관점에서 유리하게 또는 그들의 관습대로 생각하는 것은 그들에게는 매우 당연하다. 따라서 거래 시에는 반드시 서로의 '정의definition'를 확인하자.

"잘 알아서 해주실 거라고 믿습니다"

고객도 귀찮은 것은 생략하고 싶다. 하지만 피차 귀찮더라도 체크리스트를 작성하라. 뭉뚱그려 다 해달라는 고객에게 우리가 현명하게 대처하는 법이기도 하다. 제이케이엘컴퍼니에도 프로젝트 시작 전 진행하는 체크리스트(고객 관점의 RTC, 데이터베이스, 목표 시장, 주요 세일즈 지표, 내부 세일즈 프로세스 등 약 50개 항목)가 있다. 그 체크리스트를 어쩌다 건너뛰고 나면 어디선가 문제가 튀어나온다.

그리고 그 문제를 해결하느라 더 많은 시간과 노력이 든다. 작은 오류가 눈에 띄었지만 귀찮아서 그냥 넘어가면 큰 사고가 터지게 되는 이치다.

기본에 충실해서 서로 확인할 것은 확인하고, 서로 이해가 되지 않는 사항은 분명히 이해를 공유한 뒤에 출발하는 것이 좋다. 화장실 들어가기 전과 나올 때의 생각은 완전히 다를 수 있다. '내 입장에서 그냥 편하게 해석하는 것'의 실수를 줄이려면 섬세해야 한다. 고객도 귀찮은 것은 생략하고 싶을 수 있다. 그러나 귀찮을 때는 다음을 꼭 기억해야 한다. 세일즈에서는 4가지 Q가 중요하다.

Quantity 절대 수준의 필요 양이 있다.

Quality 품질의 향상은 필수다.

Question 좋은 질문은 좋은 답변을 이끈다. 반대도 마찬가지다.

Queen (wins King) 고객은 섬세하고 친절한 배려에 사로잡힌다.

이 4Q 중 네 번째 Q를 꼭 기억하자. 고객은 섬세하게 대해야 한다. 나만의 생각에 사로잡히면 서로 다른 곳으로 갈 수 있다. 섬세하게 진행 절차를 공유하고 준비가 필요한 사항도 잘 짚어준다. 이것은 결국 고객의 만족으로 연결되고 지속적인 거래로 이어진다.

외면

내 말에 귀 기울이지 않는 고객

최선이 어렵다면 차선을 택하라. 그 자리의 키맨이 나를 외면하면 차상위 키맨을 찾아라. '이대로 가다가는 다 망칠 수 있다!' 한 음료회사에서 경쟁 PT를 하는 중에 한기훈 미디어커뮤니케이션연구소 한기훈 대표는 직감적으로 느꼈다. 자신은 사활을 걸고 PT를 진행하고 있었지만, 회의 테이블을 가득 메운 고객 중에 자신에게 집중하는 사람이 거의 없다고 느낀 것이다. 특히 그 자리에서 가장 중요하고 높은 직위였던 부회장은 슬리퍼 차림에 신문을 보고 있는

게 아닌가. 그는 무심한 표정으로 "하세요. 진행하세요"라고 말하면서 눈은 계속 신문을 보고 있었다.

상황이 이러하니 좌중과 공감하며 PT를 제대로 할 수가 없었다. 부회장의 얼굴이 계속 신문을 향하고 있는 걸 보면서 한 대표는 작전을 바꾸었다. '최선이 아니라면 차선이다! 부회장의 동생인 전무에게 PT를 한다고 생각하자!' 부회장을 신경 쓰다가 PT를 망칠 것 같다는 생각에 대상을 리셋한 것이다. 이후 한 대표는 마음이 편해졌고, 자신이 준비한 대로 PT를 잘 마칠 수 있었다.

PT가 다 끝나자 신문을 보던 부회장이 "질문 있으면 하세요"라고 말했고, 미팅 참석자들이 의견을 제시했다. 그들의 의견을 모두들은 부회장은 "저도 비슷한 생각입니다. 결정합시다"라고 했다. PT를 줄곧 외면하던 부회장이 의사결정을 내리는 것이다. 알고 보니 그는 안 듣고 있던 게 아니었다. 다 듣고 있으면서 안 듣는 척한 거였다. 한 대표는 계약을 따낸 성공의 요인을 이렇게 설명했다.

"제가 '신문을 보면서 집중하지 않는 것으로 보이는 부회장'에게 계속 신경을 쓰고, 제대로 발표를 못했다면 아마 거래에 실패했을 겁니다. 대상을 바꾸고 마음을 편하게 가지고 하니 발표가 잘되었던 거 같아요."

여러분도 PT 자리나 미팅 자리에서 당신에게 부정적인 태도를 보이거나 혹은 외면하는 인물을 만난다면 집중 대상을 다른 사람으로 바꿔보라. 집중하지 않는 사람에게 신경이 쓰여 발표를 망치게 되었을 때보다 훨씬 더 좋은 결과를 얻을 수 있다.

고객의 침묵도 언어다

누구나 그렇겠지만 나도 어색한 침묵을 못 참는 사람이다. 그래서 무엇이든 이야기하다가 실수하는 경우도 가끔 있었다. 특히 내공이 높은 고객이 앞에 있고 분위기를 압도하는 침묵이 있을 때면 식은땀이 난다. '침묵은 긍정이다'라는 말은 그 자리에 참여한 사람들이 암묵적으로 동의를 할 때나 적용되는 이야기다. 일대일 미팅을 할 때나 여러 사람이 함께하는 미팅을 할 때나 프레젠테이션을 할 때나 고객의 침묵은 참기 어려운 순간이다.

제이케이엘컴퍼니에는 주주로 구성된 경영자문단이 있다. 그 자문위원 중 한 분이 제이케이엘컴퍼니에서 개발 중인 솔루션과 관련된 고객의 언어 분석에 대해 이야기하던 중 이런 질문을 했다. "고객의 침묵은 어떻게 분석하나요?" 자문단 회의에 참석한 약 10명에 가까운 좌중은 한동안 말이 없었다. 그의 질문은 역시 내공 있는 고참 세일즈맨다웠다. 고객의 침묵도 분석 요소다. 그렇다면 침묵하는 고객은 어떤 이유로 침묵하는 걸까? 고객의 특권 중 하나인 침묵이라는 언어를 들여다보면 어떤 뜻이 숨어 있을까?

첫째, 미팅·제안·견적이 마음에 들지 않는다. 둘째, 내 마음을 진짜 모르겠어? 셋째, 어떻게 하면 지금의 상황을 개선할 수 있을까? 침묵이 흐르는 시간도 침묵의 언어를 해석하는 데 필요한 고려 요소다. 침묵이 짧다면? 생각할 시간이 필요하다는 의미이므로 기다려야 한다. 침묵이 길다면? 그렇다면 구체적으로 어느 정도 길어야 적절할까? 누구에게나 주관적인 시간관념이 있겠지만, 참여한 사람이 느끼기에 어색함이 느껴진 순간을 넘어가면 '긴 침묵'이다. 이때는 적절한 조치가 필요하다.

세일즈맨이 고객과 마주 앉았다. 첫 만남이 아니다. 불만이 있다면 이야기해주면 좋으련만 아무 말이 없다. 그저 말없이 노트만 쳐다볼 뿐이다. 고객의 침묵은 어색한 느낌이 교차하는 지점을 막 지난 듯하다. 세일즈맨은 조심스럽게 "생각이 길어지는 것 같은데, 혹시 어떤 문제(고민)가 가장 큰지 말씀해주실 수 있을까요?"라고 질문했다. 고객은 눈을 들어 세일즈맨을 보며 말한다. "어제 저희 팀장님은 왜 만나신 거죠?"

'아, 그랬구나. 내가 어제 고객의 상사를 만나고 가면서 연락하지 않았구나. 팀장님이 이야기할 수도 있겠다고 생각했는데, 오해할 수 있었겠다.' "아, 어제 팀장님이 저희 대표님을 만나 뵙고 싶다고 하셔서 약속 일정을 잡느라고 잠시 만났습니다. 제가 미처 말씀을 못 드렸습니다. 불편하셨을 수 있겠습니다. 죄송합니다." 솔직히 인정하고 사과를 하니 고객의 침묵은 바로 풀린다.

여기서 중요한 것은 진정성이다. 고객의 침묵을 기다려주고, 진정 고객의 관점에서 어떤 점이 불편했을지 생각하는 것이다. 그리고 오해한 부분이 있더라도 고객을 탓하지 않고 내가 했을 수도 있는 실수를 인정하는 것이다. 관계의 개선은 인정에서 출발한다. 끝까지 내가 잘났다고 한 치의 양보도 하지 않는다면, 고객과의 좋은 관계는 기대하지 않는 게 좋다.

이 이야기가 고객의 모든 침묵의 언어를 대표하지는 못하지만, 어찌 되었든 침묵도 언어고 고객은 그 언어를 쓸 특권을 갖고 있다. 인정해야 한다. 나도 고객일 때는 그러지 않는가? 한용운의 「님의 침묵」이라는 시는 "제 곡조를 못 이기는 사랑의 노래는 님의 침묵을 휩싸고 돕니다"라는 구절로 마무리된다. 침묵은 많은 것을 이야기하고 있다. 침묵은 어렵지만, 들을 준비를 해야 한다.

속뜻

"괜찮습니다"

'괜찮다'는 말은 '정말 괜찮다'는 말이 아니다. 이런 상황이 있다 치자. 부슬비가 내리는 날 주임이 거래처에 가려고 하는데 우산을 미처 준비하지 못했다. 신입 사원이 "제 우산이라도 쓰고 가세요" 라고 말했지만, 주임은 "이 정도 비는 괜찮아요"라고 대답했다. 결국 신입 사원은 그냥 자기 자리로 돌아왔다.

그리고 "분명히 주임님이 괜찮다고 해서 그냥 왔는데요?"라고 말하자, 고참 부장이 "너는 그 말을 믿니?"라며 핀잔을 준다. 신입 사원은 주임이 비 오는 날 우산도 없이 가는 모습에 자기가 쓰던 비닐우산이라도 손에 들려주며 '주임님, 이거라도 쓰고 가세요'라고 했어야 한다. '이 정도 비는 괜찮아요'라는 말은 '우산 주시면 쓸게요'다.

얼마 전 아내가 짐을 옮길 일이 있었다. 짐이 간단하기는 했지만 장모님 지인이 도와주겠다고 하셔서 감사하다며 도움을 받았다. 도와주신 게 감사하기도 하고 사례를 해야겠다고 생각하고 있던 터라 나는 "오늘 감사합니다. 이거 얼마 되지는 않지만 약주라도 드세요"라며 돈을 넣어드렸다. 그랬더니 그분은 돈을 보면서 "아이구, 무슨 돈을 줘요?"라고 정색을 했다.

나는 호의를 괜히 돈으로 갚으려고 했나 싶어 마음이 편하지 않았다. 그것은 나의 오해였다. 나중에 알고 보니 내가 드린 돈이 그분이 생각했던 것보다 적었다. 나는 나중에 장모님을 통해 돈을 더 챙겨드렸다. "아이구, 무슨 돈을 줘요?"는 "이거밖에 안 돼요?"로 해석했어야 했다. '무슨 돈'은 '받기 싫은 돈'이 아니다.

"가위 좀 주실래요?"

당신은 식당을 운영하고 있다. 손님이 "가위 좀 주실래요?"라고 하면 어떻게 하겠는가? "네, 가위 여기요" 하고 가위를 건넨다. "네, 가위가 필요하신가요? 먹기가 불편하신가 보네요?" 하고 잘라준다.

일본 요식업계의 전설로 불리는 '장사의 신' 우노 다카시가 얼마 전 독립한 직원의 가게에 가보았을 때 일이다. 그 가게 메뉴에는 삶은 족발이 있었다. 어떤 손님이 그걸 주문했는데 먹기가 힘들었던지 "가위 좀 주실래요?"라고 했다. 그러자 독립한 직원(사장)은 그냥 "네, 여기 있습니다" 하며 가위를 건넸다. 우노 다카시는 이 상황을 보고 어떻게 생각을 했을까?

"그건 고객에게 친절을 베푼 게 아니다. 이럴 때는 '아, 먹기가 많이 불편하신가요? 여기서 잘라드릴게요'라고 하며 잘라서 내주어야 한다." 가위를 빌려주기만 한다면 '이 가게 족발은 먹기가 너무 불편했어'로 끝나버리지만, 잘라서 내주면 '여기 참 친절한 가게구나'라고 생각하게 할 수 있다는 것이다.

그런데 이 질문의 답변에 세 번째 답변을 추가할 수 있겠다. '가위를 가지고 가서 잘라주고, 손님이 먹기 편한 메뉴를 개발한다.' 손님들은 어떤 이유로 가위가 필요할까? 먹기가 불편하다면 음식을 어떻게 요리하면 손님들이 더 편할까? 양이 너무 많은 거라면 양을 반으로 나눈 새 메뉴를 하나 추가할까? 고객이 뭔가를 이야기할 때는 정신을 바짝 차리고 들어야 한다. 고객의 언어에는 같은 말임에도 우리가 읽을 수 있는 의미가 최소한 두 가지가 있다. 있는 그대로의 의미와 그 속을 알아달라는 의미. 우리는 후자의 의미를 알아야 한다. 그래야 성공한다. 그에 관한 재미있는 사례가 있다.

어릴 적 친구 중에 만날 때마다 툭하면 싸우던 친구가 있었다. 그들은 그렇게 만나기만 하면 싸웠다. 그만 좀 싸우라고 친구들이 말린 적이 한두 번이 아니었다. 그렇게 서로 의견이 다를까 싶었다. 그러던 어느 날 둘이 결혼한다며 발그레한 볼을 보이며 우리에게 통보해왔다. 이게 뭔 방구 같은 소리냐? 그 둘의 싸움을 말리던 우리는 허탈했고, 격하게 축하했고, 그리고 알게 되었다. 싸움도 관심이구나!

내 편

"내 편이 되어주세요"

얼마 전 친구 부부와 저녁 식사를 같이했다. 감자탕에 소주가 빠지기 아쉬워 가볍게 한두 잔을 했는데, 친구 아내가 "진국 씨 계시니까 하는 얘긴데요" 하면서 친구에게 쌓인 응어리를 나에게 이야기하는 것이 아닌가. 나로서는 참 난처했다. 술이 약해서 제대로 대응도 못하고 어색하게 인사하고 집에 왔다.

며칠 지나도 그때 어떻게 반응해야 했을까 하는 생각이 맴돌아서 우리 회사 고객 담당 매니저에게 그날의 일을 이야기했다. 이야기를 듣던 그는 "그건 그 사모님이 편 들어달라고 하신 얘깁니다"라고 한다. 듣는 순간 머리가 띵했다. '아, 그런 뜻이었구나.'

매니저는 명쾌한 해석과 함께 외국계 생명 보험 세일즈를 하던 시절 이야기를 들려주었다. 그는 보험 상담을 하면서 부부가 같이 하는 상담을 유도하는 편이다. 주로 남편과 먼저 이야기하는 경우가 많은데 아내분도 같이 상담을 하도록 한다. '수익자가 아내이니 같이 계약 내용을 알 필요가 있다'며 자연스럽게 유도하는데, 재미있는 사실은 부부가 같이 상담하는 경우 계약률이 매우 높다는 것이다.

그리고 이렇게 함께 미팅하다 보면 주로 아내가 남편에 대한 서운함을 이야기하는 경우가 많은데, 그럴 때 쓰는 표현 중에 이런 표현이 많다. "컨설턴트님 계시니 하는 얘기인데요……." 그럴 때 그는 대부분 아내의 편을 들어준다. 그리고 나서 계약이 이루어지고 난 다음에는 남편을 따로 만나 그의 서운한 마음을 꼭 풀어준다. 고객이 내게 "당신이 계셔서 하는 말인데요"라는 이야기를 했다면, 그 말을 '내 이야기 좀 들어주세요. 그리고 편을 들어주세요'라는 뜻임을 알고 적극적으로 편을 들어주어야 한다.

고객의 칭찬이 만드는 함정

"와, 좋은데요. 완벽해요!" 이번에는 고객이 내 제품이나 솔루션, 서비스를 입에 침이 마르게 칭찬한다. 기분이 좋아진다. 우쭐해진다. 고객이 회사나 서비스에 대해 칭찬을 하면 나도 모르게 어깨가 올라간다. 그러면서 세상이 밝아지고 모든 일이 다 잘될 것 같은 생각에 빠진다. 그런데 그런 화기애애한 미팅의 종착지는 계약이 아닐 때가 많다. 고객이 내 제품을 칭찬했다고 해서 반드시 산다는 것은 아니다.

고객이 "와, 좋은데요"라고 하는 것은 '더 좋은 다른 경쟁사 제품을 보기 전까지는요'이다. "우와, 이건 제가 보았던 상품 중에서 가장 좋은데요. 완벽해요!"라고 할 수도 있다. 고객의 불평에도 기가 죽으면 안 되지만, 극찬에 가까운 칭찬에도 감정에 휩싸이면 안 된다. 계약은 고객의 칭찬으로 체결되지 않는다. 고객의 칭찬은 나를 들뜨게 하지만 평정심을 유지해야 한다. 그리고 차분하게 고객의 칭찬을 구체화하고 거래를 유도한다.

"이 제품의 가치를 알아보시는 고객님의 안목이 훨씬 훌륭하십니다"라는 말로 여러분이 고객의 편이라는 사실을 고객에게 인지시켜라. "어떤 점이 가장 마음에 드시나요?" 그리고 평정심을 유지하면서 고객이 여러분의 상품이 가진 어떤 매력에 주목했는지 파악하라. 그래야 경쟁사에 대응해 어떤 차별화 전략을 짤지 계획을 세울 수 있다. 그리고 찬찬히 고객의 반응과 상황을 잘 살피면서 그 다음 과정이 매끄럽게 이어지도록 유도해야 한다.

흔들림

"계약을 연기합시다"

고객의 침묵은 무엇을 의미할까? 열 길 물속은 알아도 한 길 사람 속은 모른다고 했다. 결정의 순간이 다가올 때 고객이 침묵한다면, 그것은 좋지 않은 신호다. 고객의 결정이 흔들린다는 의미이기 때문이다. 고객도 사람이고, 사람의 마음은 변한다.

　"사랑은 움직이는 것"이라고 마무리되는 약 20년 전의 유명한 통신사 광고가 있었다. 꽤나 인기를 끌었던 광고 카피다. 사랑과 마찬가지로 고객의 마음은 끊임없이 움직이고 있다. 그리고 결정할 순간이 가까워지면 고객은 흔들린다. 내 결정이 맞는지 주위에 물어보게 되고, 경쟁자들도 고객을 흔들기 위해 온갖 작업을 한다.

영업 사원이 있다. 그는 외국계 IT 기업 A사에 근무한다. 데이터 관리 소프트웨어를 공급하는 회사다. 한국에는 아직 잘 알려지지 않은 솔루션이기에 고객들의 인지도도 낮다. 특히 그가 맡은 분야 중 하나인 병원 업계에서 회사는 아직 신생기업이나 마찬가지다. 그가 영업 일선에서 느끼는 것은 '참, 영업하기 어렵다'였다.

그런 그가 국내 대형병원 중 하나인 C병원에 솔루션을 납품하게 되었다. 그 병원에 납품 계약서를 준비하던 경쟁사의 영업 대표는 그 소식을 접하고 어안이 벙벙했다. "아니, 과장님. 그게 무슨 말씀이세요? 계약을 연기하기로 하셨다니요? 지금 가겠습니다!" 지난주까지도 아무런 이야기가 없었다. 오늘의 계약을 준비하며 지난주에 계약서를 검토하고, 주말도 편안하고 즐겁게 잘 보냈다. 그런 경쟁사의 영업 대표는 월요일 오후 병원에서 황당한 전화를 받게 된 것이다. "미안합니다. 계약을 연기합시다."

그렇다면 주말 사이에 무슨 일이 생긴 걸까? A사의 영업 사원은 C병원에서 전략적으로 추진하는 병원 통합 데이터 관리 프로젝트 공급 계약을 따내기 위해 1년 가까이 공을 많이 들였다. C병원 전산과장도 하루가 멀다고 찾아갔다. 그런데 영업 상황은 그다지 바꿔지 않았다. 열심히 판세를 바꿔보려고 노력했지만, 여전히 경쟁사가 우세했다. 그런 상황 끝에 최종 업체가 그의 경쟁사로 선정되었다는 C병원의 통보를 금요일에 받았다. 모든 것이 그대로 끝날 것만 같았다. A사의 영업 사원은 절망했지만, 상황을 바꿀 방법이 없을지 머리를 쥐어뜯으며 고민했다. 그러다 본사에서 발간하는 잡지가 눈에 들어왔다. '이 상황을 바꿀 방안은 이거 하나다!' 그는 주말 내내 수소문을 한 끝에 병원장의 집을 찾아갔다.

일요일 오후 병원장의 집에 도착했지만 병원장은 집에 없었다. 수위에게 음료수 한 박스와 담배 한 보루를 사다 드리며 사정을 한 끝에 병원장이 해외 출장을 갔고, 오늘 저녁에 온다는 사실을 알게 되었다. 그는 기다렸다. 일요일 저녁이 넘도록 병원장은 나타나지 않았다. 기다리고 기다리던 중 밤 10시경 병원장이 나타났다. 병원장에게 인사를 꾸벅하고 "병원장님, 저는 A사 영업 담당자입니다. 저희 솔루션의 사례가 제대로 전달이 안 된 거 같습니다! 한 번만 더 기회를 주십시오. 자신 있습니다." 그를 쳐다보던 병원장은 내일 아침 9시에 찾아오라는 말을 남기고 집으로 들어갔다.

월요일 아침에 찾아간 자리에서 A사의 영업 사원은 C병원과 유사한 미국 병원의 납품 사례가 담긴 잡지 사진을 병원장과 전산과장 앞에 보여준다. 그 사진 속의 미국 병원은 다름 아닌 C병원의 해외 협력 병원이었고, C병원의 병원장은 해외 유학 시절 그 병원에서 근무한 적이 있었다. 상황은 급변했다. 병원장의 지시로 업체 선정 재검토가 이루어지고 결국 A사가 공급 계약을 하게 되었다. 고객은 언제든 흔들릴 수 있다. 아무 소리가 나지 않는다고 움직임이 없는 것은 아니다.

"이 세상 모든 것은 변한다"

아내가 사고 싶었던 옷이 있었다. 값이 싸지 않아서 선뜻 사지 못했던 옷이다. 어느 날 그 옷을 살 거라고 하기에 그러라 했다. 그런데 백화점에 가서 결국 산 옷은 그 옷이 아니라 다른 옷이었다. 내가 "지난번 산다고 했던 옷이 이거 맞아?"라고 물어보니 아니라고 한다. "왜 이걸 샀어?"라고 물었다. "친구가 이 옷이 그렇게 좋다고 그러더라고. 그래서 막판에 바꿨어."

들어보니 상황은 이랬다. 백화점에서 아내는 사고 싶었던 비싼 옷을 찾는다. 점원은 그 옷을 보여주며 "안목이 좋으시네요"라며 칭찬한다. 아내는 우쭐한다. 옷을 걸쳐보고 거울에 비친 자신의 모습을 주의 깊게 본다. 점원은 "정말 예쁘시네요"라며 한 번 더 치켜

세운다. 그런데 아내의 태도가 바뀐다. 다른 걸 보여달라고 한다. 점원은 계속 비슷한 느낌의 옷을 보여주지만, 왠지 아내는 만족스럽지 않다.

그러다가 어떤 옷을 발견한 아내는 "이거 제 사이즈 있어요?"라고 묻는다. 그 옷은 앞에 보았던 옷들과는 스타일도 가격대도 다르다. 그런데 결국 아내는 그 옷을 택한다. 카카오톡 속 친구의 "이거네" 하는 코멘트가 결정적이었다. 점원은 아내에게만 집중했고 그 자리에 없던 구매 조력자의 역할을 몰랐던 것이다.

구매자가 조언을 구하는 과정에 함께하면 구매자가 흔들리는 과정에도 판매자는 함께 '흔들리는 배' 위에 있을 수 있다. 흔들려서 멀미가 날 수는 있겠지만 결국 구매라는 종착지는 같으니 잠시만 참으면 된다. 구매 전 고객의 흔들림은 자연법칙이다. 고대 그리스의 철학자 헤라클레이토스가 말했다. "이 세상 모든 것은 변한다. 변한다는 사실만이 변하지 않을 뿐이다."

고객의 흔들림을 당연한 과정이라고 인식하고 그 순간을 잘 포착하고 준비해야 한다. 고객이 흔들린다고 나까지 같이 흔들리면 고객을 놓친다. 고객이 잡을 곳이 없어지는 것이다. 고객이 흔들릴 때 흔들림 없이 꿋꿋하게 자리를 잘 지키고 고객을 케어하는 세일즈맨이 고객을 잡는다.

회피

"저는 잘 몰라요"

고객은 구매 전 불안함을 느낀다. 작든 크든 결정을 내려야 하는 과
정이 혼란스럽기도 하다. 그리고 그 결정에 내가 책임을 져야 하는
상황이 불편하다. 그래서 지금 내리는 결정에 대한 확신이 부족할
경우 책임을 다른 사람에게 넘기고자 하는 회피 현상이 발생한다.

　고객은 부서 직원에게 "이 제품 어떻게 생각해?"라고 물어본다.
직원은 상급자가 물어보니 답은 해야 하겠지만, 눈치를 보니 상급
자가 뭔가 망설이고 있다는 느낌을 받는다. 그래서 직원 역시 회피

적 대답을 택한다. "네, 좋아 보이긴 하는데 확실히 해야 할지는 모르겠네요." 아내는 남편에게 묻는다. "이거 어때?" 남편은 즉시 아내의 눈치를 살핀다. 뭔가 아니다. "글쎄, 예뻐 보이긴 하는데, 잘 모르겠네." 질문이 그저 질문이 아님을 느끼면서 위험한 상황에 대비하는 것이다.

선택 상황에서 확실치 않은 모호한 답변을 남겨서 나중에 자신이 책임을 져야 하는 상황을 피하고자 한다. 우리의 언어 구조에는 개인적 책임감을 흐리게 하는 표현들이 있다. 자신의 삶을 책임에서 피해갈 수 있게 책임을 부정하는 표현들이다. "나는 잘 모른다." "윗사람이 시켜서 한다." "규칙이 그렇다." "어쩔 수 없이 한다."

이렇게 모호한 답을 하거나 행동의 원인을 다른 곳으로 돌려서 자신의 행동에 대한 책임을 부정하는 것이다. 고객은 구매 전에 욕구가 완전히 충족된 상태가 아니다. 구매 전 단계는 욕구가 채워지기 전 단계다. 이 단계에서는 갑갑함, 조바심, 불안, 불편, 주저, 우려, 피곤, 회의, 혼란 등의 마음이 뒤섞여 있다. 이러한 심리 상태를 보면 욕구가 충족되지 않은 상황에서 위험을 피하고 오히려 회피하려고 한다.

우리는 뭔가 새로운 일이나 위험이 있는 일을 할 때 두려움을 느낀다. 고객도 마찬가지다. 위험에 대해서는 보험이 필요하다. 세일즈는 이런 고객에게 위험을 공유하고 준비하도록 팁을 준다. 고객을 도와서 다음 단계들을 예측하며 위험 요소 하나하나를 같이 짚어보는 것이다. 그러면 고객은 나를 더 신뢰하고 위험에 대한 보험을 들고 있다는 생각이 들 것이다. 세일즈맨이 자주 고객 주치의라고 표현되는 이유가 여기에 있다.

"다가오니까 피하죠"

얼마 전 보았던 드라마에 이런 대사가 나온다. "피하면 안 되잖아요?"(남) "다가오니까 피하죠."(여)

남녀는 이제 막 서로 사랑을 키우려는 단계다. 서로를 응시하다가 남자는 여자에게 다가간다. 여자는 피한다. 그때 남자가 여자에게 물은 것이다. 피하면 안 되는 거 아니냐고, 이제 우리 서로 사랑하는 사이인데 왜 피하느냐고 묻는다. 맞다. 이제 사랑을 시작했다. 그러나 여자는 피한다. 누가 잘못된 것일까? 다가간 남자? 피한 여자? 잘못된 것은 없다. 다만 남자가 피하는 여자의 마음을 몰랐을 뿐이다.

이제 곧 계약할 거라고 해서 고객이 그 영역 안으로 들어와도 좋다고 허락한 것은 아니다. 설사 계약을 했다 하더라도 모든 영역에 대한 허락을 의미하는 것은 아니다. 특히 계약 전이라면, 이 민감하고 불안하고 어려운 결정의 상황을 피하고 싶어진다. 이런 고객에게 다가갈 때는 특별히 조심해야 한다. 오히려 모든 것이 깨지기 쉬운 순간이 이때다. 모든 감각이 살아서 움직이면서 '예민지수'가 가장 높이 올라온 순간이다. 그래서 고객의 회피 증상이 생기는 것이다. 세일즈에서 가장 조심해서 고객을 신중히 대해야 할 때다.

고객의 위험 회피를 가장 잘 활용하는 분야가 보험산업이다. "고객님이 준비 없이 사망했을 때 가족들의 삶이 어떨지 생각해보셨습니까? 얼마 전 저희 고객 중 한 분이 갑작스럽게 돌아가셨습니다. 고객님의 아내께서는 정말 막막해 하셨습니다. 이제 어떻게 해야 할지 알 수도 없고 눈앞이 깜깜하다고요." 이런 이야기를 들으면 기분이 좋지 않으면서도 '그럼, 나는 어떡하지?'라는 생각이 자연스럽게 떠오르게 된다. '내가 갑자기 죽으면? 우리 가족은?' 등여러 생각이 든다.

여기에 더해 한마디를 더 듣게 된다. 이제 곧 보험료가 오르게 되어 부담이 더 커질 수 있다는 것이다. 이런 보험료 인상은 또 하나의 위험 감지 요소가 된다. '지금 보험에 들지 않고 나중에 들면 부담이 더 커지겠네?' 보험사원에 대한 신뢰 문제가 있긴 하지만,

이런 위험에 대비하기 위한 사람들의 위험 인지는 낮지 않다.

이러한 위험을 잘 인지시키고 높은 계약률을 계속 유지하는 보험 세일즈맨이 있다. 그는 진심으로 고객을 위해 위험을 대비할 수 있는 보험 솔루션을 제시한다. 최선의 솔루션 제시를 위해 해외 상품들도 조사한다. 그의 제안은 상당히 매력적이다. 그런데 세일즈맨이 위험 회피 전략을 잘못 쓰면 오히려 실패하게 된다.

얼마 전 어떤 보험 세일즈맨이 내게 결정을 촉구하는 문자를 보내왔다. 아내와 나의 보험 변경과 갱신을 앞둔 상황이었다. 그런데 그 문자에 큰 실수가 두 개 있었다. 문자 메시지를 요약하면 '자신으로서는 회사에 피해를 끼쳐가면서 나를 위해 중요한 정보를 제공했기 때문에 고객이 보험을 가입하지 않으면 회사는 물론 세일즈맨 자신이 인사상 불이익을 받게 된다'는 것이다.

첫째 실수는 사실 은폐다. 그는 내가 보험업에 대한 이해를 하고 있다는 것을 몰랐던 거 같다. 그는 그가 알고 있는 사실을 내가 모를 것이라고 생각하고 '정보의 비대칭성'을 활용해서 나를 옭아매려 했다. 두 번째 실수는 내가 보험에 들게 하기 위해 자신의 피해를 강조한 것이다. 세일즈맨이 자신의 욕심이 앞서고 진실성을 잃어버리면 이렇게 된다. '모르니 대충 넘어가겠지'라고 생각하지만, 그런 경우는 거의 없거나 나중에 더 큰 손실로 돌아오게 된다.

나도 눈앞의 유혹에 빠질 때가 많지만, 이러한 자연법칙을 상기해서 '소탐대실'하지 않으려고 노력한다. 내가 고객의 입장에서 위험을 회피하도록 한다면, 그 마음은 진정이어야 한다. 어설프게 위험 회피 전략을 사용하면 결국에는 큰 비즈니스를 잃는다.

역설

고객은 거부를 신뢰한다

어느 날 M&A와 투자 분야 전문가인 지인이 전화해서 최근 투자
자문하고 있는 스타트업 회사의 세일즈를 도와줄 수 있는지 물어
왔다. "대표님, 최근에 앱을 개발한 회사인데요. 쇼핑몰에서 고객
응대에 매우 좋은 성과를 낼 수 있는 앱을 개발했습니다. 이 회사의
세일즈를 도와주실 수 있을까요?"

　내가 B2B 세일즈 전문가이니 이 회사도 도움을 받을 수 있지
않을까 해서 문의를 한 것이다. 나는 일단 나에게 문의를 한 것에

감사를 표한 뒤 몇 가지 질문을 했다. "현재 회사의 실제 제품 납품 사례가 있나요?" "앱의 차별화 포인트를 간결하게 이야기한다면 뭘까요?" "목표 시장은 어디인가요?"

이 질문들은 우리의 프로젝트 진행 전 확인 사항 중 기본 세 가지 요건이다. 지인은 이 질문들에 답을 제대로 하지 못했다. 제이케이엘컴퍼니도 당시 고객사를 모집하던 시기였지만, 나는 이렇게 답했다. "지금 단계에서는 저희가 도움을 드리기는 어렵겠습니다. 오히려 비용 대비 결과가 나오지 않아서 그 회사에 도움이 안 될 수 있겠습니다. 초반이니 현 단계에서는 한 고객사라도 확보하는 것을 최우선으로 해서 진행하는 것이 좋겠습니다."

거절하는 순간에는 지인이 서운한 마음이 들 수도 있었겠지만, 장기적으로는 지인도 그 회사도 좋은 일일 거라는 판단에서였다. 그 생각은 지금도 변함이 없다. 내가 해서 더 나은 결과가 나오지 않는다면 거부하는 것이 길이다.

마케팅 대행업을 하는 A 기업의 대표는 어느 날 고객에게서 이런 요청을 받았다. "그렇다면 오프라인 세미나 대행도 해줄 수 있겠네요? 한 번에 해주시면 저희도 편해서 좋고, 대표님 회사 매출에도 좋으니 같이 해주시면 좋겠습니다."

그런데 이 대표의 대답은 "그 부분은 어렵겠습니다. 저희가 잘 못하는 분야이기도 하고, 전문성이 떨어져서 결과가 나오지 않을 수도 있겠습니다. 저희보다 C사가 해당 업무는 더 잘하니 필요하시면 소개해드리겠습니다"였다. 결과적으로 그 회사와의 관계는 어떻게 되었을까? 업무 의뢰를 거부했음에도 고객은 A 기업과 그 대표를 더 신뢰하게 되었다고 한다.

　우리는 누군가에게서 부탁을 받거나 의뢰를 받을 때 거부하는 것을 어려워한다. 미안하기도 하고 관심 있었던 일일 경우에는 욕심도 나고 '거절해도 될까?'라는 의문이 들기 때문이기도 하다. 하지만 때로는 과감하게 거부하는 것이 더 나은 미래를 위해 좋을 때가 많다. 고객이 이야기했다고 해서 무조건 들어줄 것이 아니라 내가 거부할 때 오히려 신뢰가 쌓일 수 있음을 기억하자. 고객은 거부를 신뢰한다.

거부할 용기

임상연구를 위한 클라우드 솔루션과 데이터 분석 전문기업 메디데이터코리아(미국계 다국적 기업)의 임우성 대표가 영업 대표로 일하던 시절, 한번은 고객에게 이렇게 말한 적이 있다고 한다. "계약을 하지 않아도 좋습니다."

고객은 놀랐다. 그 고객은 A 대기업 임원이었고, 임 대표는 B 다국적 소프트웨어 회사에서 해당 고객을 담당하는 영업 대표로서 미국 본사에 동행 방문하고 있었다. 큰 규모의 프로젝트 수주가 걸려 있어 이번 방문은 결정권을 가진 임원의 B사 본사 방문 후 느낌이 매우 중요했다. B사의 기술력이나 향후 기술 개발의 방향성을 확인하고자 하는 A기업 임원에게 어떻게든 좋은 인상을 남겨야 하는 것이 임 대표로서는 매우 중요했다.

그런데 그 임원은 B사의 방문 기간 내내 계속 부정적인 말이나 느낌을 쏟아냈다. 합리적인 이유로 문제를 제기하는 것이 아니라 기분에 따라 이야기하는 듯한 태도로 일관했다. 임 대표는 내심 기분도 상하고 불안했지만 그래도 계속 예의를 유지하고 깍듯이 대했다. 그러던 중 본사 기술 담당이 회사와 솔루션에 대해 PT하는 중에 자꾸 이야기를 끊고 상당히 무례하게 딴죽을 거는 모습에 임 대표는 결심했다.

그는 자리에서 일어나서 고객을 향해 단정하게 옷매무새를 한 번 다듬고 "계약을 하지 않아도 좋습니다"라고 했다. B사는 업계의 대표적인 선두기업이고, 아무리 큰 외국계 회사라 해도 고객은 고객이다. 고객이 안 사겠다고 다른 곳을 선택하면 끝이다. 임 대표는 그런 상황까지도 가정하고 엄청난 발언을 한 것이다. "계약을 하지 않아도 좋으나, 함께 준비한 팀이나 본사의 엔지니어에게는 예의를 갖춰 질문해주시면 좋겠습니다." 그 말에 그 임원도 적지 않게 놀랐지만 "농담 한번 해본 겁니다"라며 분위기를 수습했다.

그 계약 건은 어떻게 되었을까? 한국으로 돌아와서 성공적으로 잘 체결되었다고 한다. 임 대표의 발언이 고객을 놀라게 했지만, 오히려 고객에게 신뢰를 얻는 계기가 되었고 결국 계약에 이르게 했다. 우리는 살면서 매우 다양한 상황을 맞이한다. 그럴 때 내가 고객을 어떻게 대하는지에 따라 고객도 나를 평가한다. 당연하다. 아무리 생각해도 '이건 아니다' 싶을 때, 거부할 수 있는 용기를 가져보자. 자신의 것을 포기하면서까지 당당한 세일즈맨의 모습은 신뢰라는 후광을 뿜는다. 고객은 오히려 나의 그런 당당한 모습에 반하는 것이다. 당당한 거부는 믿음을 준다.

비정상

"다시 생각해볼게요"

고객들은 구매 직전 정상이 아니다. 정신 상태나 행동이 비정상이라는 의미가 아니고, 아직 완전한 거래(정상 상태)에 도달하지 못했다는 뜻에서 비정상 상태라는 뜻이다. 고객은 아직 구매를 통한 욕구가 해결된 상태도 아니고, 자신의 수요나 고통이 해결된 상태도 아니다. 그러니 여러분의 상품 구매를 통해 정상正常 상태로 변환할 수 있도록, 만족의 정상頂上에 이르도록 도와주어야 한다.

여기서 세일즈맨의 진가가 발휘된다. 고객이 원하는 것을 이루어주는 것이 세일즈의 역할이라고 한다면, 때로 고객은 자신이 원하면서도 원하는지 모를 때도 있다. 새로운 제품이 나오기 전에 고객은 그것을 본 적이 없다. 그런데 어떻게 그 상품이 자신이 원하는 것이라는 사실을 알 수 있겠는가? 따라서 세일즈맨은 진정성을 갖고 필요한 단계들을 밟아 고객을 정상에 이르도록 도와야 한다. 해당 제품이 왜 고객에게 필요한지 충분한 근거를 들어 설명하고 고객을 설득한다. 최종 구매라는 단계에 이르는 동안 고객은 열심히 정보를 찾고 여러 사람을 만나며 고민과 갈등의 시간을 보냈다.

그래서 마음속으로 '이 결정이 맞나?'를 자문하고 있거나 '이 결정이 맞아야 하는데' 하고 바라고 있을 것이다. 그 단계에서 세일즈맨은 여러 가지 저항을 만난다. 이때 세일즈맨은 고객과 신뢰를 갖고 하나씩 풀어나가야 한다. 여기서 세일즈맨이 흐트러진 모습이나 좋지 않은 태도로 돌변하면 고객과의 계약뿐만 아니라 미래의 가능성까지 사라지게 된다.

어느 날 나와 계약을 앞둔 회사 담당자가 당황한 목소리로 전화했다. "계약서를 들고 올라간 자리에서 퇴짜를 맞았어요. 전무님까지 승인을 받아서 전혀 문제가 없다고 생각했는데, 이건 완전 아니죠. 아니, 이번 프로젝트를 내년으로 미루시겠다는 거예요. 어제 공장에서 있었던 돌발 사고가 컸던 모양이에요."

난감했다. 그래서 끝날 때까지 끝난 것이 아니라고 했던가? 고객도 모르는 반전은 어디에나 있다. 세일즈 단계의 절정에는 50퍼센트 이상의 반전이 있다. 그렇기 때문에 거래 완료 직전까지는 예상할 수 있는 모든 변수를 열거해본다. 가능하다면 그 과정을 담당자와 함께하면 더 좋다. 퇴짜를 맞은 이 프로젝트는 결국 아직까지 진행이 안 되었고, 우리 회사는 여러 가지 비정상적인 상황에 대처하기 위해 더 세밀하게 분석하고 준비하게 되었다.

비정상을 정상으로 만드는 법

자동차를 사기로 한 고객이 아주 난처한 목소리로 세일즈맨에게 전화를 했다. "아내가 안 된다고 하네요. 분명히 어제까지 아무 말이 없어서 괜찮은 줄 알았는데, 오늘 아침 이야기를 하니 펄쩍 뛰네요. 그렇게 비싼 돈을 주고 그걸 사냐고 하는데 저도 참 어이가 없네요. 어떡하죠?"

고객도 난처했겠지만 그 이야기를 듣는 세일즈맨은 더 당황스럽다. 이게 무슨 일이지? 계약서 들고 가려고 하니 이게 무슨 날벼락인가? 계약과 구매에 이르는 과정에는 다양한 변수가 존재한다.

그때 세일즈맨이 당황하면 결국 그 구매 건은 허공으로 날아가버린다. 고객도 당황하는 비정상적인 상황을 막기 위해 세일즈맨은 어떻게 해야 할까?

"그렇군요. 고객님도 당황하셨겠네요. 저도 간혹 이런 경우를 만납니다. 혹시 안 된다고 하시는 이유가 뭔가요?"

"어제 친구와 통화하다가 다른 사람을 소개받기로 했나 봐요. 더 저렴하게 해준다고 했다나 어쩐다나……."

이 말은 결국 고객의 아내가 세일즈맨의 상품과 다른 상품을 비교하겠다는 것이다. 이때 '분석(쪼개기)'이 필요하다.

"그럼 어떤 제안을 받으셨을까요?"

"그게 B 제품으로 하고 옵션을 더 얹어준다고 했나 봐요."

"옵션을 추가해준다는 제안을 받으셨군요. 그에 대해서 저희는 이러이러한 대안이 있습니다. 타사의 제안도 좋은 것은 맞습니다. 그런데 결과적으로 고객님이나 사모님이 찾으셨던 이 기능은 조금 부족한 선택을 하시게 되는 겁니다. 그래도 괜찮으실까요?"

"그렇군요. 아내가 그건 몰랐던 모양입니다."

그리고 다음 날, 고객에게서 다시 전화가 왔다.

"아내가 계속 고민이라고……지금 갑자기 사지 말고 내년에 기회 봐서 더 좋은 조건이 있을 때 사자고 하네요."

"그렇군요. 내년에도 좋은 기회가 있을 수 있죠. 그런데 이런 추가 프로모션이 다시 진행될지는 저희로서도 알 수가 없습니다. 그간 진행된 이벤트 중에서는 가장 좋은 조건으로 나왔거든요. 현재 수량 부족으로 저희 영업점에서는 딱 두 대밖에 남아 있지 않고 나머지 한 대도 예약이 된 상태고요. 혹시 그러면 이 건을 다른 대기 중인 고객에게 넘겨도 될까요?"

"그래요? 잠깐만요. 잠깐 전화 좀 하고 올게요."

미국 하버드대학의 의사결정 과학연구소는 감정과 의사결정에 관한 이론을 연구하기 위해 다음과 같은 실험을 했다. 먼저 사람들을 두 그룹으로 나눈 다음, A그룹에는 평화로운 풍경이 나오는 비디오를 보여주고, B그룹에는 슬픈 내용이 나오는 비디오를 보여주었다. 그 후 플라스틱 물통을 보여주며 그것을 얼마에 사겠냐고 묻자 A그룹은 평균 2.5달러, B그룹은 평균 10달러를 제시했다.

즉, '슬픔'은 소비를 촉진한다는 결과를 얻은 것이다. 슬픔을 느낀 고객은 적정 금액 이상의 물건이라도 구매하려고 한다. 상실감이 그 자리를 채우려는 욕구를 만드는 것이다. 그러니 이미 최선을 선택한 고객이 구매를 망설인다면 구매하지 않았을 때의 합리적 상실감을 예상하게 하라. 그럼 비정상은 다시 정상이 되고, 세일즈맨은 고객과 정상에서 만난다.

Chapter 4

마음을
파고드는
언어의 기술

공감

파토스가 없으면 대화는 의미가 없다

문제없이 회사에 잘 다니고 있는 줄 알았던 직원 한 명이 사전 연락 없이 결근했다. 지방에서 올라와서 혼자 사는 직원이었다. 평소 자주 대화를 했던 운영 담당 매니저가 "제가 문자 메시지를 보내보겠습니다"라며 보냈는데, 몇 시간이 지나도 답이 없었다. 인사 담당 매니저도 전화를 했는데 받지 않았다. 계속 연락이 안 되니 나도 슬슬 걱정이 되었다. 오후 늦게 인사 담당 매니저가 그 직원의 집 주소를 확인하고 "제가 한번 다녀와야겠습니다"라고 하면서 집 근처로 갔다. 그리고 7시경에 전화가 왔다. 그 직원을 만났다는 매니저의 전화였다. 안도가 되면서도 화가 났다. 전화라도 하거나 아니면 문자라도 할 수 있지 않았나 하는 아쉬움도 컸다. 다음 날 출근한 직원과 커피 한 잔 하자며 회사 밖 커피숍으로 갔다. 그의 이야기를 들어보니 집안에 말 못할 사연이 있었다.

당시 우리 회사는 멘탈 코칭 전문가에게 공감과 소통을 위한 대화 코칭을 받고 있었다. 직원과 나눴던 대화 내용을 스크립트로 써서 코치를 받아보니 나의 부족한 부분을 알 수 있었다. 공감해야 할 때도 뭔가 설명하며 내 이야기만 하고 있었던 것이다.

직원　저희 가족 내에 문제가 있어서 급히 본가에 내려갔다 온 건데요,
　　　그게 저……말씀을 드리자면…….

나　　어려운 이야기면 안 해도 돼요.

(중략)

직원　무단결근해서 죄송하고 앞으로 걱정을 끼치는 일은 절대로 하지
　　　않도록 하겠습니다.

나　　네, 그래야죠. 다들 너무 걱정이 돼서……. 어쨌든 1차적으로 걱
　　　정이 많았고, 2차적으로 도대체 왜 그랬을까 궁금했습니다.

코칭을 받고 나니 이 대화 내용을 이렇게 바꾸었다면 훨씬 좋았을 거라는 생각이 든다.

직원 저희 가족 내에 문제가 있어서 급히 본가에 내려갔다 온 건데요, 그게 저······말씀을 드리자면······.

나 아, 그랬군요······곤란한 이야기라면 안 해도 괜찮아요.

(중략)

직원 무단결근해서 죄송하고 앞으로 걱정을 끼치는 일은 절대로 하지 않도록 하겠습니다.

나 오늘 갑자기 출근을 안 하고, 연락도 안 돼서 걱정이 많았어요. 그런데 집에 그런 일이 있었군요. 그래도 먼저 그렇게 말해주니까 회사 문제 때문은 아니었다는 걸 알아서 안심되네요. 오늘은 갑작스러운 일이 생겨 경황이 없었던 거고, 앞으로는 이렇게 연락 안 되는 일이 없을 거라고 믿어요. 직장에 가정사를 말하는 게 쉬운 일이 아닌데 말해줘서 고마워요. 혹시 회사나 제가 도울 일은 없나요?

우리가 종종 잊고 살지만 상담의 기본은 공감이다. 그 순간에도 뭔가 내가 원하는 바를 이야기하려고 하면 상대방과의 교감은 어렵다. 아리스토텔레스는 설득의 3요소로 논리(로고스), 공감(파토스), 호감과 믿음(에토스)을 들었다. 그만큼 대화하는 상대와 감정을 공유하고, 상대에게 공감하는 것은 아주 중요하다. 김형철 교수는 "파토스가 없으면 대화는 의미가 없습니다!"라고 강조한다. 직원과의 대화, 가족과의 대화, 고객과의 대화 모두 공감이 바탕에 있어야 제대로 돌아간다. 따라서 고객이 지금 어떤 느낌이고 어떤 마음인지 모른다면, 일단 들으면서 공감하자.

나의 공간 내어주기

스노우폭스의 김승호 회장이 미국의 한 사업가를 만날 일이 있었다. 상대는 자수성가해 근사한 사업체를 소유한 젊은 사업가였다. 인사와 소개를 마치고 회사를 둘러본 후 그 젊은 사업가는 자신의 일대기를 풀어나가기 시작했다. 바닥까지 내려갔다 소설처럼 다시 정상에 올라온 이야기는 흥미진진했다. 그런데 김 회장 역시 그의 이야기를 들으며 '그건 아무것도 아닙니다'라며 자기 자랑을 하고 싶은 소리가 목 밑까지 몇 번이고 올라왔다. 하지만 3시간이나 이어진 미팅 시간 동안 꾹 참았다. 말 한 번 끊지 않고 들어준 게 마음에 들었는지, 말을 다 마친 그는 무척이나 시원스러워했다.

김 회장은 한 달 뒤 여러 사업가와 함께하는 자리에서 그를 다시 만났다. 그날의 거만함이 다시 새어 나올까 염려했으나 기우였다. 그는 자리에 함께한 사람들에게 김 회장을 끌고 다니며 훌륭한 사람이라고 소개했다. 사실 김 회장은 그의 이야기를 들어준 것밖에 없었다. 공감하기 위해서 거창한 말이 필요하지는 않다. 고객이 말이 많은가? 가만히 들어주는 것은 공감하고 인정하는 아주 좋은 비언어적 표현이다. 내 이야기로 끼어들고 싶어도 상대방을 인정해주고자 한다면, 그 사람이 인정받았다고 느낄 때까지 꾹 참고 기다려주라.

얼마 전 아내와 많은 시간을 보낼 기회가 생겼다. 우리가 결혼한 지는 15년이 넘었다. 그간에 다툼도 많았고 여러 가지 크고 작은 어려운 순간도 있었다. 그러는 과정에서 아내가 나를 외계인처럼 대하는 경우도 많았다. 나도 대화가 통하지 않는 아내를 애써 이해시키려고 하지 않았다. 인정하기 싫지만 특히 큰 아이를 낳은 후에는 많은 시간 그렇게 서로 거리를 유지한 채 살아온 것 같다.

그러다 2주가 넘는 시간을 아내와 온전히 같은 시간과 공간에서 보내게 되었다. 그러면서 아내의 일상에서 좋아하는 것, 싫어하는 것, 두려워하는 것, 잘하는 것 등을 보게 되었다. 그 과정에서 전에는 이해되지 않던 많은 것이 이해되기 시작했고, 그 시간이 우리에게 엄청난 변화를 안겨주었다. 그 이후에 믿기 어려운 일이 벌어지기 시작했다. 서로를 존중하기 시작했다. 전보다 대화도 많아졌다. 물론 완전히 서로를 이해하는 것은 아니겠지만 적어도 조금 더 가까워졌다는 느낌만은 확실했다. 나는 아내의 이야기를 듣기 시작했다. 아내의 언어를 듣기 시작한 거다. 나의 시간과 마음속 공간에 아내가 들어왔다. 그전에 나는 나의 평생 파트너인 아내가 들어올 자리를 주지 않았다는 것을 몰랐다.

상대방을 이해하려고 하지 않고 내 마음속 공간을 내주지 않으면 상대방의 언어를 이해하기 어렵다. 들어도 듣는 것이 아니다. 그것은 나와 이해가 다른 상대방의 언어이기 때문이다. 세일즈도 마찬가지다. 고객도 나와 생각이 다른 고객으로만 바라보면 이해가 안 된다. 하지만 내 삶에서 중요한 한 부분으로 상대를 들여놓으면 이야기가 달라질 수 있다. 내 삶에 들어온 고객이자 파트너의 언어는 나와 이해를 같이한다. 그래서 그 언어가 조금 더 잘 들린다. 내 안에서 울리기 때문이다. '그래서 고객이 그랬구나⋯⋯.' 여러분은 고객을 이해하고, 고객의 언어를 행하고 있는가?

인정

"무슨 뜻인지 알려주실래요?"

한번은 같이 점심 식사하던 지인이 내게 도움을 청했다. 그는 모 대기업의 임원이었는데, 원래는 우리 회사의 고객으로 만났다가 친해져 가끔 식사하는 사이가 되었다.

　"대표님, 조언을 좀 구하려고 하는데요. 제가 요즘 고민에 빠져 있습니다. 매우 훌륭한 고문님이 한 분 계시는데요. 제게 조언을 해주시는 거예요. 저의 성격 중 날카롭고 단호한 부분만 고치면 더 성장할 수 있을 거라고 하시네요. 그런데 이 조언에 대해서 대표님은 어떻게 생각하십니까?"

그가 내게 조언을 구한다는 사실 자체로 매우 감사했다. 나를 인정해준다고 느껴졌기 때문이다. 그의 솔직함과 인간적인 모습으로 인해 그 사람이 더 커 보였다. 그래서 나는 솔직하게 내 성심을 다해서 답변했다. 내가 느끼기에 그 임원의 그러한 면은 상당히 큰 장점으로 작용하고 있었다.

"크게 개의치 마시고 지금의 모습 그대로 잘 지키시면 좋겠습니다. 그러한 면모가 전무님을 이 자리까지 오시게 한 거 아니겠습니까?" 나의 답변에 그분은 무척 고마워하셨다. 아마도 자신의 생각도 내 생각과 같았던 모양이다. 그는 얼마 후 더 높은 고위 임원으로 승진했다.

고객과 더 가까워지고 싶은가? 그러면 인정하고 도움을 청하라. 청탁이 아니다. '제가 이걸 잘 모르겠습니다'라고 인정하고 고견 (고객에게 해가 되지 않으면서 고객이 뿌듯해질 수 있는 것)을 구하면 고객이 오히려 고마워할 것이다. 그리고 신나서 이야기할 것이다. 사람은 분명 가르칠 때 기쁘다. 존재감을 느낀다. 내가 모른다는 사실을 인정하고 고객에게 도움을 청하라!

한편 인정에는 또 다른 종류가 있다. 김형철 교수가 기업체 특강을 나갔을 때 일이다. 김 교수가 모르는 단어를 포함한 질문이 들어왔다. 한 청중이 "그 사항을 CRM에는 어떻게 적용할 수 있을까요?"라고 질문한 것이다. 이에 김 교수는 '함부로 아는 척'하지 않고 "CRM, 굉장히 중요한 말 같은데요. 무슨 뜻입니까?"라고 물었다. 강의하러 온 내가 모르고 있다는 것을 인정하고, 고객의 언어를 배우려는 자세로 고객에게 질문한 것이다. 김 교수의 질문에 그 사람은 신이 나서 친절하고 자세하게 설명을 했다. 모르는 것은 죄가 아니다. 모르면서 아는 척하는 것은 죄가 될 수 있다. 인정하라. 고객의 좋은 점을 인정하는 것도 인정이지만, 내가 모른다는 것을 인정하는 것도 인정이다.

가벼운 실수는 인간적으로 보인다

김형철 교수는 늘 "학생이 고객이다"라고 이야기하는 분이다. 멋진 관점이다. 교수는 학생에게 학점이라는 평가 권한을 가지고 있는 '갑'의 존재 같지만, 학생이 없으면 교수도 없는 것이다. 그래서 김 교수는 학생들이 하는 말 중에 아는 말이 나와도 일부러 모른 척할 때가 있다.

"깜놀이 무슨 뜻이야? 모르는 단어인데 재미있어 보인다. 나도 좀 알려줘."

"교수님, 아시면서 그러시는 거 아니에요?"

"아니야, 그게 무슨 표현이니? 재미있어 보이는데?"

학생은 신나서 가르쳐준다. 이처럼 고객의 언어를 알아도 모르는 척하는 것이 좋을 때도 있다. 나의 허점을 인정하면서 상대방을 높여주는 것이다. 공자는 "그 상황에 가장 맞는 것을 행하라"고 했다. 고객의 언어를 아는 것만으로 가깝게 다가갈 수 있는 것은 아니다. 고객의 언어를 알아도 지나치게 남발하는 것은 오히려 해가 될 수 있다. '이런 것까지 아네? 조심해야겠다'라고 고객이 생각한다면 너무 아는 척한 것이다. 나는 김형철 교수와 인터뷰를 통해 상대와 가까워지는 팁을 추가로 얻을 수 있었다. "고객과 가까워지고 싶나요? 그럼 이렇게 하세요."(일부러) 실수하라.' '둘만의 비밀을 가져라.'

고객 앞에서 항상 멋진 모습만 보이려고 하지 말고, 허점을 보이라는 것이다. 허점이 보이는 사람은 왠지 인간적으로 보인다. 모자라 보이는 것과는 다르다. 항상 최선을 다하고 반듯해 보이는 사람이 의외의 허점을 보이면 상대방은 인간적인 매력을 느끼게 된다. '이 사람도 이런 점이 있네?'라는 생각도 들고, 왠지 더 친근하다.

또 고객과 친해지고 싶으면 비밀을 만들어라. 거창한 비밀이 아니다. 같이 웃을 수 있는 비밀이라면 좋다. 아이와 가까워지고 싶은 가? "딸, 이번 주말에 아빠와 영화 볼까? 대신 이건 엄마한테는 비밀이야. 크크." 대단한 비밀도 아니고, 어차피 엄마가 안다고 크게 해가 되거나 문제가 될 일도 아니다. 하지만 둘은 비밀을 나누는 사이가 된 거다.

고객도 인정받고 싶다

미국의 유명한 상담가인 게리 채프먼 박사의 사무실에 어느 날 한 여성이 찾아왔다.

"채프먼 박사님, 문제가 있는데요. 남편에게 침실에 페인트칠 좀 해달라고 부탁했는데, 9개월이 지나도록 하질 않아요. 별수를 다 써보았지만 하질 않아요."

그녀는 지치고 화나 보였다. 여러분은 어떤가? 누군가에게 부탁했는데 상대가 들어주지 않는 경험을 많이 했을 것이다. '나를 무시하나?', '내 이야기가 안 들리나?', '도대체 어떻게 해야 이 인간이 내 이야기를 듣게 하지?' 하면서 한 번쯤은 고민해보았을 것이다. 채프먼 박사는 이렇게 처방했다.

"두 가지 제안을 하겠어요. 첫째, 페인트칠해달라는 이야기를 다시는 하지 마세요. 그는 이미 알고 있어요. 둘째, 남편이 좋은 일을 하면 칭찬해주세요. 그가 쓰레기를 버려줄 때 '여보, 이렇게 도와줘서 정말 고마워요'라고 말해주세요."

그 여성은 미심쩍어하면서 사무실을 떠났다. 그로부터 3주일 후 그 여성이 다시 찾아와 "그 방법이 통했어요"라고 말했다. 9개월간 통하지 않았던 것이 3주간의 칭찬으로 해결된 것이다. 원하는 것을 얻기 위해 우리는 보통 해달라고 한다. 고객에게도 사달라고 한다. 그러나 사달라고 하는 잔소리 대신 고객에게 인정할 것을 찾고, 인정의 언어를 전하라.

"가방과 옷이 아주 멋지게 매칭되는데요?" "지난번 보내주신 메일 덕분에 윗분들께 칭찬 많이 받았습니다." "간결하게 정리를 해주셔서 쉽게 이해할 수 있었습니다."

내 아버지는 이제 곧 여든을 앞두고 계신다. 얼마 전 우리 집에 오셔서 집안 곳곳의 전기 스위치를 점검하고 전등을 살피시면서 "이건 쓸 수 있겠고 저건 이거랑 바꾸면 되겠고"라고 하신다. 그 말씀이 왜 그렇게 잔소리로 들리는지 나도 모르게 퉁명스럽게 답을 하고 말았다. "이제 연세를 생각하셔서 그런 것 좀 내려놓으세요"라고 말이다. 그러자 아버지는 이렇게 말씀하셨다. "이런 것을 할 때 내 존재감을 느낀다. 그래서 기쁘게 하는 거야." 이 말씀이 가슴에 울림을 남겼다. 나이의 적고 많음을 떠나서 누구나 인정받고 싶고, 존재감을 느끼고 싶어 한다. 아버지께 "이렇게 바꿔놓으니 정말 좋네요"라고 말씀드릴 준비를 해야겠다.

순환

손해 보는 선택을 하라

김형철 교수와 인터뷰할 때 이런 충고를 들었다.

"이렇게 할까 저렇게 할까, 혼란스럽나요? 그럴 때는 내가 손해 보는 쪽으로 하세요."

"네?"

나는 고개를 갸우뚱했다. 그러자 김형철 교수가 말했다.

"내가 손해 보는 쪽으로 선택을 하면 상대방은 어떻게 생각하겠습니까? 미안한 마음이 들겠죠? 그럼 이 대표와 사귀고 싶겠습니까? 아니겠습니까? 반대로 이 대표는 자기가 손해 보는 것을 알면서도 그 선택을 하는 사람을 사귀겠습니까? 아니면 이득만 얻으려는 사람을 사귀겠습니까?"

나는 내가 원하는 것을 얻기 위해 '내게 이득이 되는가?'를 생각했는데, '내가 손해 보는 곳에 답'이 있었다. 작은 것을 얻고 큰 것을 잃고 있었다. 사람도 잃고 돈도 잃고 결국 나는 큰 것을 잃고 있었다. 내가 얼마나 도움이 되고 있는지가 나의 가치인 것을, 내가 얼마나 얻고 있는지를 나의 가치로 잘못 알고 있던 것이다. 물론 알았다고 해서 바로 실천한다는 것이 어렵긴 하다. 내가 지금 손해를 보면 언제 나에게 이득이 돌아올 것인지를 생각하게 되니 말이다.

내가 먼저 주는 것이 과연 옳은 것일까? 의문이 들 수 있다. 제대로 주는 것은 주고 나서 보상을 바라지 않는 것이라고 한다. 그게 참 어렵지만 주는 것의 기쁨을 말하는 경지에 오른 사람들은 주고 나서 잊으라 한다. 자연은 순환계다. 물은 흘러흘러 강으로 가고 그 물은 바다로 간다. 그리고 수증기가 되어 구름으로 올라갔다가 다시 돌아온다. 돈도 그렇다. 고객의 주머니에 있다가 잠시 내 주머니에 있다가 다시 흘러흘러 고객으로 다시 내게로 순환한다. 내게 온다고 해서 영원히 머무는 것은 물론 아니다.

주는 자가 얻는 자연의 법칙

한 비즈니스 모임에서 알게 된 중소기업 대표가 한 분 있다. 그분을 어느 강의 자리에서 만나 인사를 나누면서 어떻게 지내시냐고 물으니 "아주 잘 지냅니다"라고 한다. 요즘처럼 어려운 경제 상황에서 쉽지 않은 답변이었다. 비결이 있냐고 물으니 "최근에 꽤 큰 건을 소개받고 그 건이 성사되어 회사가 아주 바빠요!"라고 한다. 그 대표는 비즈니스 모임에 가입하고 활동한 지 1년 정도가 되었다. 1년 간 단 1건의 비즈니스 소개도 받지 못했지만, 그래도 꾸준히 모임에 속한 다른 회원들에게 먼저 도움을 주고 비즈니스를 소개했다고 한다.

'언젠가는 내게도 좋은 소개가 있겠지?'라고 '주면 얻으리라'고 믿으며 기다리기를 1년이 다 되어가는 어느 날, 생각지도 못한 큰 비즈니스 소개를 받게 된 것이다. 꾸준히 다른 사람을 돕고 열심히 소개하는 모습을 보던 한 회원이 그 대표를 지인에게 소개한 것이다. 그 소개가 잭팟이었다. 소개받은 건은 큰 병원에 IT 관련 시스템을 납품하는 프로젝트이고, 후속 건들도 있어 상당히 좋은 비즈니스 소개라고 할 수 있었다.

이 조직의 철학은 'Givers gain(주는 자가 얻는다)'이다. 간결하지만 울림이 있다. 내가 얻고자 한다면 먼저 도움을 주라는 것이다. 먼저 도움을 주는 자가 비즈니스를 얻게 된다는 것이다. 우리도 살아가면서 누군가를 도왔을 때 기쁨을 느끼고, 봉사나 기부 활동을 하면서 살아가지만 비즈니스에서 적극적으로 활용하는 것은 쉽지 않다. 그 쉽지 않은 '기부give you'를 계속하다 보면 자연계는 순환이라는 형태를 통해 보상한다. 'Givers gain'은 자연계의 법칙인 셈이다. 바로 앞의 '작은 셈법'이 아니라 '큰 셈법'으로 보상하는 자연을 따라가보자.

고객에게도 줄 도움이 있는지 적극적으로 찾아보라. 고객이 아이의 진로 문제로 고민하고 있다면, 좋은 상담가를 물색해본다. 자녀의 취직 문제로 고민하고 있다면, 주위에 좋은 취업 기회가 있는지도 찾아본다. 단순히 세일즈가 되고 안 되고의 문제를 떠나 먼저 도움을 준다는 차원으로 접근한다. 사람은 똑같다. 도움을 받으면 갚고 싶어진다. 내 것만 챙기려고 하지 말고, 먼저 주자.

문

고객의 마음을 여는 질문

세일즈 대화를 이끄는 데 질문만큼 좋은 것이 없다. 고객은 세일즈맨의 사생활이나 연예인 이야기에는 별로 관심이 없다. 그러나 좋은 질문은 대화를 더욱 알차고 풍부하게 한다. 반대로 나쁜 질문은 오히려 고객의 문을 더 굳게 닫게 만든다. "이 제품에 관심 있으세요?" 이런 질문에 고객은 뭐라고 답할까? "아니요!" "요즘 무슨 일로 잠 못 이루시나요?" 이런 질문은 고객의 문을 연다. 이처럼 고객이 '네', '아니요'로 답할 수 없는 질문을 개방형 질문이라고 한다.

5W1H(누가, 왜, 언제, 어디서, 무엇을, 어떻게)에 대한 질문을 하는 것이다. "다들 4차 산업혁명이다 뭐다 하는데, 우리는 어떻게 준비해야 하나 하고 있죠."

고민이 없는 사람은 지구상에 없다. 그것이 작거나 크거나 말이다. 따라서 '고민이 있으세요?'라는 질문은 닫는 질문이다. 반면 '요즘 어떤 고민이 가장 크세요?'는 여는 질문이다. 세일즈 대화에서 개방형 질문이 항상 좋고, 폐쇄형 질문이 항상 나쁘다고 이야기할 수는 없다. 그러나 세일즈 코칭에서는 개방형 질문을 강조한다. 폐쇄형 질문이 주를 이룰 경우 대화의 전개가 어렵기 때문이다. 예를 들어보면 이렇다.

"저는 공유주식회사의 이진국이라고 합니다. 혹시 저희 회사 들어보셨나요?"

"아니요!"

"네, 저희 회사는 세일즈 공유 플랫폼을 만들고 있는 회사인데요. 세일즈 공유 플랫폼에 대해 들어본 적이 있으신가요?"

"아니요!"

"저희 공유 플랫폼은 모두가…"

"저, 잠깐만요. 제가 지금 많이 바빠서요. 끊을게요."

우리는 폐쇄형 질문만으로 질문하고 고객의 차가운 반응에 발길을 돌려야 하는 경우를 많이 경험한다. 그래서 개방형 질문을 강조하는 것이다. 그래서 폐쇄형 질문을 적절하게 활용하고 개방형 질문 위주로 준비하면 더 좋은 대화를 이끌 수 있다.

"저는 공유주식회사의 이진국이라고 합니다. 혹시 저희 회사 들어보셨나요?" [폐쇄형 질문]

"아니요!"

"하하, 네, 아직 생소하게 느껴지실 텐데요. 세일즈 공유 플랫폼 사업을 하는 회사입니다. 혹시 공유 플랫폼에 대해 어떻게 알고 계신가요?" [개방형 질문]

"네……. 제대로 생각해본 적은 없는데…… 근데 그건 왜요?"

"이 플랫폼을 통해 요즘 저희 고객들이 전보다 훨씬 적은 비용으로 높은 영업 성과를 내고 있는데요. 그 사례를 공유해드릴까 해서요. 어떠세요?" [폐쇄형인 듯하지만, 폐쇄가 아닌 개방형 질문]

"네, 어떤 사례인데요?"

이렇게 대화를 바꿔볼 수 있다. 대화가 구체적이지 않고 아직 고객도 생소한 상황이지만, 대화를 이끌어가는 질문의 변화 형태를 느낄 수 있을 것이다. 고객의 관점에서 관심을 가질 만한 요소들을 질문과 함께 배치하고 되도록 열어주는 것이다. 질문의 속성을 이해하는 것도 필요하지만, 더 중요한 요소는 질문을 준비하는 데 있다. 막상 만나서 생각나는 대로 하는 질문으로는 내가 원하는 바를 얻기가 어렵다.

질문을 준비해보면 고객과 대화를 어떻게 이끌어갈지 머릿속으로 그려보게 된다. '내가 이렇게 질문을 하면 고객이 이렇게 답을 할 거고 그러면 다음은 이런 질문들이 뒤따르면 도움이 될 것이다'라는 흐름을 그려보면 실제 미팅에서 많은 도움이 된다. 미팅이 시나리오와 일치할 때 느껴지는 짜릿함도 있다.

당신이 "안녕하세요. 무엇을 도와 드릴까요?"라고 질문하고 있었다면 "안녕하세요. 저희 매장에 방문한 적이 있으신가요?"라고 바꿔보자. 고객이 "네"라고 하면 이렇게 전개한다. "잘되었네요. 저희가 재방문 고객을 위한 1+1 프로그램을 마련했는데, 잠시 소개해드릴까요?" "아니요"라고 하면, 이렇게 전개해볼 수 있다. "그럼 마침 저희가 첫 방문 고객을 위해 퍼스트 프로그램을 제공하고 있는데요. 한번 보시겠어요?" 폐쇄형 질문이라도 이렇게 그에 따른 좋은 시나리오를 준비한다면, 최소 10퍼센트 이상의 매출 증대를 경험하게 될 것이다.

질문은 관심이다

질문 준비가 어렵다면 10개, 가능하다면 20개를 생각나는 대로 써 봐라. 사소한 질문이라도 적어가다 보면 의외의 좋은 질문을 건지 게 된다. 지금부터 여러분도 나와 함께 펜을 들거나 노트북을 열고 질문 20개를 써보자. 무엇이든 생각나는 대로!

- 저희 제품 들어보셨나요?

- 어떤 부분이(또는 어디가) 가장 불편하세요?

- 언제가 대화(또는 방문)하기에 가장 편한 시간이신가요?

- 요즘 담당자님은 어떤 분야에 가장 관심이 있으세요?

- 요즘 내부적으로 어떤 문제가 가장 '핫'한가요?

- 고객 관리나 세일즈 관리 툴을 도입한다면 언제가 가장 좋은 시기일 까요?

- 내부에서 일을 가장 잘하는 분은 어떤 특징이 있나요?

- 대표님이(또는 아내가) 가장 중요하게 생각하시는 게 뭔가요?

- 숫자(돈, 매출) 외에 무엇이 제일 중요할까요?

- 오늘 만난 사람 중에 누가 가장 기억에 남으시나요?

- 최근 3일 동안 만난 사람 중에 누가 가장 중요한가요?

- 그분을 다시 만나면 가장 하고 싶은 질문이 뭘까요?

- 가장 기억에 남는 고객이 누구인가요?

- 내일 당장 누군가를 만나러 간다면 누구에게 가시겠어요?

- 내일 당장 해야 할 일이 있다면 뭘까요?

- 5년 후, 10년 후를 위해서 반드시 해야 할 일이 있다면 뭘까요?

- 제품 도입 시 가장 중요한 사항은 무엇인가요?

- 가격 외에 두 번째로 중요한 것은 뭘까요?

- 구매 결정 시 누구의 의견이 가장 중요한가요?

- 구매 결정 시 어느 팀에서 최종 결정을 내리나요?

- 올해 사업 중 어떤 부문이 가장 중요하신가요?

- 어떤 성과를 내면 좋은 평가를 받으시나요?

- 내부적으로 구매 진행 시 예상되는 다른 이유가 있다면 뭘까요?

- 저희를 채택한다면 어떤 이유일까요?

- 저희가 아닌 다른 곳을 채택한다면 어떤 이유일까요?

생각나는 대로 정리하고 약간만 다듬어보았다. 내게도 도움이 되는 몇 가지 좋은 질문이 뽑혔다. 20개 또는 그 이상의 질문이 다 좋을 수는 없다. 그중에서 몇 가지 좋은 질문이 뽑히면 고객과 대화 시 훨씬 편안한 대화를 할 수 있다. 어색한 침묵의 시간도 이렇게 준비한 질문이 깨줄 수 있다. 또 질문의 의도가 너무 빤히 보이면 상대방이 경계심을 느낄 수 있으므로 이런 질문은 주의하는 것이 좋은데 '그려보기'는 이러한 의도성 질문 느낌도 많이 줄여줄 수 있다. 5분이면 된다. 고객의 문은 열기 위한 것이다.

제이케이엘컴퍼니의 운영 매니저인 H는 "고객의 언어는 고객의 질문이다"라고 말한다. "그럼, 그걸 도입한 고객의 평가는 어떤가요?", "주로 어떤 모델을 구매하나요?", "이러이러한 기능도 지원하나요?", "사용 후 어떤 점이 좋아지죠?" 등의 고객의 질문을 얻는다면 고객의 마음속에 들어가고 있는 것이다. 질문은 질문을 이끈다. 질문은 관심이다.

유발

관심 유발 언어

정보를 담은 '확신 질문'은 고객의 선택을 유도할 수 있다. 예를 들어 이런 질문을 던져보자. "요즘 4차 산업에서 IoT 보안이 중요한 이슈여서 다들 준비하는데 어떻게 검토하고 계세요?" 먼저 "요즘 4차 산업에서 IoT 보안이 중요한 이슈여서"는 IoT가 요즘 트렌드라는 이미 증명된 사실이다. 그리고 증명된 사실은 궁금증을 유발한다. 트렌드가 되는 정보나 사실이 주는 힘이 있다. 그 힘이 고객을 끌어들인다.

"다들 준비하는데"는 다른 사람들은 이미 트렌드에 발맞춰 준비하고 있는데 나는 뒤처져 있다는 생각이 들게 해서 고객은 상실의 고통을 느낀다. 이쯤 되면 고객은 궁금할 수밖에 없다.

"어떻게 검토하고 계세요?" 이 질문을 들으면 고객은 '어떻게 검토하고 있나 물어보네. 내가 이미 뭔가를 검토하고 있어야 하는구나'라고 자신이 행동해야 할 필요가 있다는 사실을 느끼게 된다.

이처럼 제이케이엘컴퍼니는 '고객의 언어'와 '고객을 끄는 표현'을 늘 연구한다. 그리고 그 패턴을 분석하고 알고리즘으로 발전시킨다. 어떤 말들이 '고객의 흥미를 유발하고, 더 궁금증을 유발해서 알고 싶게 하고, 질문하게 하는지'를 협의하고 적용하고 계속해서 개선해나간다.

사람(고객)을 끌어들이는 말들은 주로 긍정적인 말, 사실에 근거한 말, 미래지향적인 말들이다. 그 말 자체가 가지고 있는 에너지를 듣는 사람도 느끼는 것이다.

운동 역학 분야의 대가인 존 다이아몬드 박사의 근육 반응 실험(두 사람이 마주 보고 시험자가 피험자의 팔에 힘을 가하고 상대가 힘에 저항하도록 해서 피험자의 저항 강약을 측정하는 실험)에서 '미소'는 근육을 강화시키고, '나는 너를 미워한다'는 말은 근육을 약화시켰다. 또 인간 정신의 진화에 관한 전문가이자 명강사 데이비드 호킨스 박사에 의하면, 우주에는 '끌개(겉보기에는 무의미해 보이는 방대한 자료 속에서 나타나는 하나의 동일한 패턴)'가 있어서 부조리하게 보이는 만물의 현상 속에, 우주와 인간의 밀접한 관계 속에 조화가 숨어있다고 한다. 그렇다면 어떤 말로 어떻게 표현하는 것이 고객을 끄는 데 도움이 될까?

사람들은 이미 증명된 진실을 들을 때 긍정적이고 강한 반응을 보인다. "미국의 유명 인사이드 세일즈 기업인 마켓스타도 증언하고, 저희 회사가 10년 가까이 세일즈를 하면서 확인한 바에 의하면, 고객의 90퍼센트는 늘 새로운 접근을 거부한다는 사실입니다. 이러한 거부에도 저희는 40퍼센트 이상의 연결 확률을 보장합니다"라고 이야기하는 세일즈맨의 목소리는 당차다. 증명된 사실을 이야기할 때는 세일즈맨도 확신에 차서 이야기한다. 당당한 목소리는 상대방의 마음을 신뢰로 감싸준다.

제이케이엘컴퍼니의 세일즈 매니저인 A의 상담을 통한 수주 확률은 거의 50퍼센트에 가깝다. 미팅 2건 중 1건은 계약으로 이어지는 것이다. 그만의 세일즈 노하우가 있기 때문이다. "저는 우리 회사의 비즈니스 모델과 서비스의 우수성에 대한 확신이 있습니다. 그러다 보니 그런 확신이 고객에게 전달되는 거 같습니다." 얼마 전 우리 회사가 참가했던 전시회에서 출품한 솔루션에 대해 회사 부

깨어 있는	고정관념의
소중히 하는	보상을 바라는
영원한	잠시의
융통성 있는	경직된
인정하는	부정하는
자발적인	강제적인
주는	빼앗아 가는

스 방문객에게 설명하는 세일즈 매니저의 모습은 확신 그 자체다.

데이비드 호킨스 박사는 우주의 모든 것은 다른 모든 것과 연결되어 있고, 인간 개개인의 마음은 거대한 데이터베이스에 연결된 컴퓨터 터미널과도 같다고 말한다. 그의 연구에 따르면, 위의 언어들은 대조적인 의미를 담고 있는데, 왼쪽의 언어가 오른쪽의 언어보다 사람이 반응하는(끌어들이는) 에너지 패턴이 높다고 한다. 고객을 소중히 하고, 미래지향적이면서, 인정하고, 도움을 주는 표현을 하는 것이 고객을 이끄는 데 도움이 된다.

쇼호스트 장문정도 "고객을 혹하게 만드는 말의 방식이 있다"고 말한다. 생방송 특성상 쇼호스트는 홈쇼핑을 시청하는 시청자들의 흥미를 빠르게 유도해야 한다. 그러니 고객을 끄는 말을 얼마나 치열하게 연구하겠는가? 나는 TV를 거의 보지 않지만 그들의 표현을 보기 위해서 한 번씩 홈쇼핑을 본다. 여러분도 홈쇼핑을 참고해 고객을 끌어들이는 표현을 연구해보기 바란다. 다만 너무 홀려서 계획에 없던 충동구매를 하지는 마시라.

요점은 아무리 좋은 말이라도 말하는 사람이 확신이 없으면 고객을 끌지 못한다는 것이다. 세일즈를 하는 사람의 어조는 확신에 차 있어야 한다.

'사고 싶다'고 느끼면 '필요한 것' 같다

우리의 소비 행동은 95퍼센트 이상 무의식이 결정한다고 한다. 일단 사고 싶다는 욕망이 든 후에는 그것을 의식적으로 합리화하는 과정이 발생한다. '내가 지금 가지고 있는 물건은 망가졌고 새로운 물건이 필요해', '저것이 있으면 나는 훨씬 더 일을 잘할 수 있어'와 같은 사고를 반복하다 보면 진짜로 합리적인 소비를 했다는 착각을 하게 되는 것이다. 그렇다면 고객이 세일즈맨이 파는 제품에 대한 소비를 긍정적으로 느끼게 하는 유도도 필요하다. 그래서 고객에게 하는 질문도 다를 수 있다.

A 저희 매장에서 어떤 점이 가장 마음에 안 드셨나요?

B 저희 매장을 방문하셨을 때 어떤 점이 가장 좋던가요?

A, B 질문 중 어떤 질문이 고객의 긍정적인 느낌을 유도했을까? 그렇다. B 질문이다. 미국 유타주립대 헌츠먼경영대학원 마케팅 부교수 스털링 본은 "지금까지는 고객들이 항상 잘못된 것만을 찾도록 해왔습니다"라는 말로 세일즈의 오류를 지적한다. 그에 따르면 설문조사에서도 긍정을 유도하는 질문의 힘이 있다고 한다. 기업이 고객에게 무엇이 잘못되었는지가 아니라 좋았던 것이 무엇인지 물어보자. 문제에 역점을 두기보다 고객이 좋은 경험을 한 부분에 더 초점을 두고 질문하면 고객의 긍정적인 느낌을 유도할 수 있다.

A 지금 바쁘시겠지만 잠시 시간을 내주실 수 있을까요?

B 어떻게 고객과의 소통이 개선되었는지에 대해 약 3분(방문 시 30분) 정도의 시간 어떠세요?

처음 전화를 걸거나 방문했을 때 고객에게 A, B 질문 중 여러분은 어떤 질문을 택하겠는가? 겸손하고 배려를 추구하는 사람이라면 A 질문을 택할 수 있겠지만, 전화를 받았거나 방문을 받은 고객에게는 B 질문이 훨씬 좋다. 어차피 이미 받은 전화거나 방문이 아닌가? A 질문으로 미리부터 고객이 바쁘다는 느낌을 줄 이유는 없다. 이 경우는 고객을 배려한답시고 오히려 불편하게 한 경우다.

지나친 친절은 상대를 편하게 하는 것이 아니라 오히려 거부감이 들게 한다. 목적이나 취지에 충실하게 고객을 대하는 것이 고객도 편하다. 그러므로 사실에 근거한 정보를 바탕으로, 고객을 위하는 긍정 언어들로, 자신감 있는 톤으로 질문하라. "어떻게 하면 사람들이 돈을 내고 다운로드 받도록 우리가 도울 수 있을까?"라는 긍정 질문이 애플의 아이튠즈 탄생 배경이라고 한다. 긍정 질문이 고객을 만든다.

피드백

"저희 제안이 어땠습니까?"

"PT가 끝나고 열심히 했다고 안주하지 않고 꼭 피드백을 물어봅니다. 그 자리에서 묻기도 하지만, 뭔가 좀더 솔직하고 구체적인 피드백을 원할 경우 담당자에게 다시 전화하기도 하죠."

데이터마케팅코리아의 이진형 대표는 피드백 얻기를 강조한다. LG전자 재직 시절에 많은 컨설팅을 하면서 습득한 노하우다. 좋은 습관이다. 고객의 피드백을 묻는다는 것은 매우 중요한 세일즈 절차다. "좋네요. 검토하고 연락드릴게요"라는 고객의 말에 "네, 감사합니다"라는 말로 끝낸다면 뭔가 부족하다. 디테일이 빠졌다. 그 자리를 마치고 회사에 가서 곧장 상대에게 다시 전화를 한다.

이진형 대표는 피드백의 중요성을 몇 번이고 강조한다. PT가 끝나고 나면 그 자리에서 직접 담당자에게 오늘 발표 내용이 어땠는지 물어보고, 구체적인 피드백이 필요할 때는 담당자에게 나중에 전화하기도 한다. 그러면 PT 당시엔 몰랐던 새로운 정보나 보완해야 할 점을 들을 수 있다.

"안녕하세요, 과장님. 저희 PT 담당자셨지요? 저희가 최선을 다해서 준비하긴 했지만, 과장님 보시기에 어땠나요?"

"네, 잘하셨어요. 그런데 사장님이 생각하시는 B2B 쪽에 대해서는 좀더 구체적인 제안이 필요할 거 같아요."

여러 사람이 같이 있는 미팅 자리에서는 자기의 솔직한 의견을 표현하기 어려울 때가 많다. 보수적인 회사 분위기에서는 아랫사람이 상사와 의견이 다를까봐 눈치를 살피게 되고, 윗사람은 자기 의중을 잘 이야기하지 않는 경우가 많기 때문이다. 그래서 따로 개별 접촉이 필요할 수 있다.

"상무님, 미팅에서 사장님이 언급한 사항을 보니 대리점 확대 전략 부문에서 좀더 제안이 필요해 보이는데 어떻게 생각하시나요?"라고 피드백을 물었다면 "네, 잘 보셨어요. 그리고 개인 고객

대상 마케팅 전략에서도 온라인 부문을 보강해주시면 도움이 되겠습니다." 이렇게 조언을 얻을 수도 있다.

물론 사람에 따라 자기 의견을 솔직하게 이야기하지 않는 사람도 많지만, 질문을 주고받는 절차만으로도 '저 업체는 고객의 의견을 담으려고 노력하고 있구나', '최선을 다하네?' 등 고객의 긍정적인 평가를 얻을 수 있다.

그 때문에 제이케이엘컴퍼니는 프로젝트 완료 후 고객에게 피드백을 묻는 절차를 꼭 수행한다. 수행 프로젝트에 대해 만족하는지, 수행 기간 중 소통 프로세스가 어땠는지, 앞으로 개선했으면 하는 점 등에 대해 고객의 피드백을 받는다. 이러한 피드백을 통해 우리의 부족한 점을 알게 되고, 좋은 조언은 우리에게 배움을 선사하기도 한다. 그리고 '매우 만족'을 주는 고객에게서는 격려라는 큰 선물을 받는다. 여러분도 고객에게서 솔직한 피드백을 받아보면 좋을 것이다.

고객이 무슨 이야기를 들었다고 기억하는가?

"오늘 통화한 내용 중에 중요하거나 빠뜨린 내용이 있나요?" 상담을 마무리하기 전에, 내가 고객에게 묻는다. 이 질문 덕분에 고객이 생각하는 중요한 포인트를 얻는다. 알고 보니 고객은 나와 한참 이야기했던 것보다 다른 것에 관심이 있었다. "그런데 혹시 DB는 어떻게 되나요?" 고객에게 물은 이 질문에 고객은 질문형 답변을 한다. 이 질문은 고객의 관심 분야를 알 수 있게 해주고, 내가 향후 무엇을 더 준비해야 할지를 알려주는 가이드 역할을 한다.

사람이 그렇다. 자기가 하고 싶어 하는 이야기를 한다. 그리고 듣고 싶은 이야기를 듣는다. 분명히 한 번 언급한 적이 있는데 '그건 뭐 당연히 고객이 준비했겠지'라고 생각하고 넘겨버린다. 고객도 실수하고 나도 실수한다. 이렇게 대화에 대한 보완을 위한 질문도 세일즈를 돕는다. 고객도 제때 물어보지 않으면 자신이 생각하는 중요한 부분이 그냥 지나가버린다. 그러고 나서 생각이 나도 세일즈맨에게 이야기 안 하면 그만이다. 세일즈맨은 그것도 모르고 자기가 중요하다고 생각한 거나 대화 내용에만 집중해서 그다음을 준비하게 된다. 나에게는 당연한 건지 모르겠지만 고객은 하나부터 열까지 다 모르는 것일 수 있다.

얼마 전 잠재 고객과 상담하는 자리에서 내 직원이 내게 하는 이야기를 듣고 '아차' 했다. "대표님, 고객이 질문한 것 중에 앞에 질문한 프로세스에 대해서는 답을 안 하시고 결론만 이야기하시던

데 괜찮은가요?" 내가 그분에게 "제 답변이 충분히 잘 설명이 되었는지요?"라고 피드백을 묻거나 "빠뜨린 내용이 있나요?"라고 물어보았다면 실수를 줄였을 텐데 말이다.

나는 현대 경영학의 아버지라고 불리는 피터 드러커의 말을 자주 인용한다. "내가 무슨 말을 했느냐가 중요한 게 아니다. 상대방이 무슨 말을 들었느냐가 중요하다."

사례

사례가 사례를 만든다

신규 솔루션으로 개발한 좋은 기능들을 이야기했을 때 고객이 거의 예외 없이 물어보는 질문이 있다. "그래요. 좋은 기능이네요. 그래서 어디서 쓰고 있나요?" 그러므로 아직 고객이 없는 스타트업 기업이나 판매 이력이 없는 신규 제품을 영업할 때 무슨 수를 써서라도 고객 사례를 만드는 것이 좋다. 이런저런 노력을 해도 첫 고객을 만들기가 너무 어렵다면, 기부를 해서라도 도입 고객을 만들어라. 사례가 사례를 만들기 때문이다. 예를 들어 이런 대화를 상상해보자.

"그 제품 모델은 ○○전자가 얼마 전 도입했습니다." "그래서, 어떻대요? 성과가 나오고 있대요? 좋대요?" 사례를 이야기하면 고객이 보이는 반응이다. 특히 본인 회사와 밀접하게 관계가 있거나 경쟁 관계에 있는 고객 사례라면 특히 그렇다. 원래 누군지 모르는 전국 1등보다 같은 반 라이벌이 신경이 쓰인다. 서울 어디인지도 모르는 곳에서 쓴다는 럭셔리하고 스마트한 냉장고보다 앞집에서 엊그제 산 스크린 달린 냉장고가 더 갖고 싶다. 잘나가는 외국 기업이 도입한 첨단 시스템보다 우리 회사와 계열 관계에 있는 회사나 경쟁사에서 쓰고 있다는 고객 관리 시스템이 더 궁금하다. 영어로는 'reference case(언급 / 참고 사례)'라고 불리는 '사례'는 고객의 궁금증을 유발하는 가장 좋은 소재다.

"이 프로그램을 ○○사에서 도입한 후 제품 불량률이 10퍼센트 이상 개선되었습니다. 담당자는 최근에 전 직원이 참석한 자리에서 사장님께 칭찬과 포상까지 받았다고 하네요. 품질 개선 우수 사례로 선정이 되어서요." 고객의 성공 사례를 제공한다면 더욱 좋다. 그 말을 듣는 고객은 나도 그런 스토리의 주인공이 될 수 있다는 생각을 잠시 공유할 수 있다. 머릿속에 그런 자신의 모습을 떠올리는 것만으로도 기분이 좋다. '전 직원 앞에서 사장님께 칭찬도 듣고, 포상금까지?'

사람들은 검증되지 않은 첫 번째 시험대에 오르고 싶어 하지 않는다. 위험을 감수하면서 변화를 주고 싶지 않다. '다른 누군가 써보니 좋더라'가 증명이 된 것을 원한다. 실수를 줄일 수 있으니 좋고, 사례들을 보면 내가 무엇을 조심해야 하는지, 내게 어떤 이로움이 있는지를 알게 된다고 생각하기 때문이다.

보여주기와 그려주기

보여주는 것은 가장 확실한 '공감 언어'다. 영화 〈컨택트〉는 언어학자 루이스 뱅크스가 어느 날 갑자기 지구에 나타난 외계 생명체와 조우하고, 그들이 지구에 온 이유를 알아내기 위해 소통하는 과정이 담겨 있다. 뱅크스의 연구실에 불쑥 나타난 미군 대령은 외계생명체가 내는 소리를 녹음한 파일을 뱅크스에게 들려주며 그들이 무슨 이야기를 하는지 해석해달라고 말한다.

뱅크스는 외계 생명체를 직접 만나 그들과 접촉을 시도하고, 그들과 대화를 나누기 위해 다양한 방법을 사용한다. 뱅크스가 도화지에 'HUMAN'이라는 단어를 쓴 후 자신을 가리키자 외계인은 자신들의 글자를 허공에 뿜은 기이한 도형으로 표현한다. 뱅크스와 외계인은 그렇게 서서히 소통하기 시작한다. 이처럼 언어 영역은 소통을 위한 것이다. 그리고 의미를 전달할 때 가장 많이 쓰이는 방법 중 하나가 '보여주기'와 '그려주기'다.

그림을 그려준다는 것은 고객의 머릿속에 그림이 그려지도록 하는 것도 포함된다. 그림을 보여주면 확실히 알 수 있겠지만, 전화상으로나 대화할 때나 면대면 미팅 중 이미지 자료가 없을 경우에는 어떻게 할 수 있을까? 그럴 때는 고객이 직접 상황을 상상할 수 있도록 구체적인 내용을 설명한다.

나　　이 프로그램을.

고객　(무슨 프로그램?)

나　　○○사에서.

고객　(○○사의 모습을 떠올린다.)

나　　도입한 후 제품 불량률이 10퍼센트 이상 개선되었습니다.

고객　(불량률 10퍼센트 감소, 생산 효율 개선 등을 떠올린다.)

나　　담당자는 최근에 전 직원이 참석한 자리에서 사장님께 칭찬과
　　　포상까지 받았다고 하네요.

고객　(담당자가 칭찬받는 모습과 포상 내용을 상상한다.)

요즘 우리 아이들은 그림이나 동영상에 익숙하다. 공부나 정보 검색도 유튜브를 통해 한다고 한다. 그만큼 영상이 친숙하다. 왜 그럴까? 글씨나 정적인 형태의 것보다 실제로 움직이거나 그림으로 표현된 것이 더 흥미가 있고 이해가 잘 되기 때문이다. 기업들도 홍보 영상이나 이미지 영상들을 만드는 이유가 여기에 있다. 내가 상대하는 고객들도 마찬가지다. 사례를 준비하고 구체적인 스토리를 담은 이미지들로 표현해보자.

"고객님 덕분입니다"

우리 집에 가끔 오는 우편물 중에 흥미로운 게 있다. 자선단체에서 오는 편지다. 편지 봉투 안에는 아이의 사진이 들어 있다. 그 아이의 사진들을 아내는 냉장고에도 붙여놓고 진열장 위에 올려두기도 한다. 아내는 적은 돈이지만 후원단체에 후원금을 내고 있다. 그 돈은 남미의 볼리비아에 사는 아이에게 지원이 되고 있다. 그 아이의 사진을 보면서 아내는 무척 기뻐한다.

내 기억에 그 아이가 아주 어렸을 때 모습은 왠지 많이 딱해 보였다. 후원자에게 보내는 사진이니 나름 예쁘게 입고 찍었을 텐데도 모습이 초라했다. 그 아이가 커가면서 보내오는 사진들에서는 조금씩 나아지는 것 같은 느낌을 받는다. 두 손에는 공도 하나 들려 있고, 옷도 더 좋아 보이고 깔끔하다. 표정도 더 자연스럽고 밝다. 엽서에는 알아보기도 힘든 손글씨로 감사 인사도 적혀 있다.

　이런 모습들이나 감사의 글을 보는 것은 흐뭇하고 재미있다. 아마 다른 자선단체들도 그렇게 하겠지만, 후원단체에서 보내오는 이 우편은 고객을 단단하게 묶어두는 역할을 할 것이다. 아이의 모습이 점차 나아지고 있는데, 예전의 초라함으로 돌아간다면? 떠올려보면 불쌍한 마음에 후원금을 중단하지 못할 거 같다. 기부금 내는 사람들에게 기부금을 받은 사람들이 조금씩 더 나아지는 모습이나 감사 인사를 보게 하는 것은 매우 훌륭한 방법이다. 고객에게 '고객이 준 기쁨과 보람의 모습'을 보게 하는 것이다. '고객님 덕분으로 이렇게 잘살고 있어요!'

성과

조직의 핵심 언어, KPI

KPIKey Performance Index는 주요 성과 요소로 조직에서 인사 평가 시 주요 기준으로 삼는 지표다. 당신은 담당자의 KPI를 아는가?

"대표님, 저희가 전달해드린 추가 리드(영업 기회)가 굉장히 큰 도움이 되었다고 합니다."

클라이언트와 프로젝트 완료 내용을 보고하는데, 우리 회사 어카운트 매니저의 어깨가 살짝 들려 있다. 제이케이이엘컴퍼니는 서비스 의뢰 기업(클라이언트)을 위해 기업 고객 발굴을 한다. 기업 고객 발굴을 위해 많은 기업을 접촉하게 되는데 클라이언트의 담당 매니저와 협업도 매우 중요하다. 이 클라이언트와 진행된 프로젝트는 1,500개 기업을 대상으로 해당 제품이 필요할 만한 기업의 담당자 정보 파악이 주된 업무 목표였다. 프로젝트를 완료하고 고객에게 완료 보고서를 제출했다. 그 후 클라이언트의 담당 매니저와 미팅을 가졌다고 한다. 잘했다고 격려하긴 했지만, 사실은 아쉬움이 있었다. 추가로 전달한 리드가 없었다면? 만족도는 상당히 떨어졌을 수 있다. 목표를 잘못 설정하면 전혀 다른 방향으로 프로젝트가 진행될 수도 있다. 우리가 프로젝트 목표는 달성했지만, 여기서 주목할 아쉬움은 '우리가 클라이언트 매니저의 KPI를 잘 알고 있었는가' 하는 점이다.

KPI는 고객의 주요 언어다. 업무 담당자마다 KPI는 그 사람의 인사고과와 보너스에 영향을 주게 된다. 그래서 늘 자신의 KPI에 신경을 쓰게 된다. 기업이나 기관과 같은 조직을 대상으로 세일즈를 할 때는 KPI를 파악하는 것이 중요한 세일즈 포인트 중 하나다. 사전에 KPI를 알게 되면, 그 KPI를 감안해서 프로젝트의 방향을 섬세하게 설정할 수 있고, 목표 달성 시 그 담당자에게는 더 큰 도움을 주게 된다. 당연한 이야기지만, 고객에게 도움을 주고 만족감을 선사하는 것은 매우 중요하다. 고객을 장기적으로 잘 유지하는

데 매우 큰 역할을 한다. 만족한 고객은 주위에 나를 소개한다. '그 회사(사람) 괜찮으니 맡겨봐. 결과가 달라.' 단순히 제시된 요구 사항만을 보지 말고 사람과 연결된 주요한 지표도 살펴주는 것이 고객을 얻는 길이 된다.

A기업의 대표인 지인은 고객의 주요 언어KPI를 파악하기 위해 이렇게 질문했다고 한다. "올해 어떤 성과를 내는 것이 과장님께 가장 중요한가요?" 좋은 질문이다. 상대방은 세일즈맨이 자신을 중요하게 여기고 배려한다고 느끼게 된다. 단순히 물건을 팔고자 하는 것이 아니라 '나의 발전에 도움이 되고자 하는' 사람으로 여기게 된다. KPI라는 단어를 쓰지 않았지만, 그 사람의 조직 속 업무 관련 성과 평가 요소를 확인하고 있다.

KPI는 업무마다 다르다. 예를 들어 만나는 고객이 구매팀의 일원이라면 '얼마나 좋은 제품을 저렴하게 구매했는가?'가 중요한 업무 평가 요소가 될 것이다. 마케팅팀이라면 얼마나 많은 고객에게 회사나 제품이 알려지고 구매 문의가 들어오느냐가 중요하다. 생산팀이라면 얼마나 생산성을 높이고 불량을 낮추느냐가 주요 성과 지표가 될 것이다. 영업팀이라면 '얼마나 매출을 올리느냐', '회사가 심혈을 기울여 출시한 신제품을 얼마나 판매했느냐' 등이 중요한 요소다. 기획팀이라면 전략적으로 중요한 계획들을 잘 세우고, 실행하고, 회사 전체의 경쟁력을 높이고 매출 증대에 기여하는 지가 중요할 것이다. 고객의 주요한 성과 목표를 알게 되면, 사전에 중요한 핵심 포인트를 파악해서 세일즈 성사 가능성을 높이는 것은 물론, 장기적으로 고객을 잘 관리하는 핵심 요소가 된다.

KPI는 세일즈맨에게도 작용한다

몇 년 전 우리 회사의 통신과 네트워크 관련 성능 개선이 필요했다. 우리 회사의 담당 매니저가 회사와 계약된 통신사의 담당자와 확인 후 보고하기를 "대표님, 이 통신사 문제가 많은데요. 담당자가 성의도 없고 다른 통신사로 바꾸겠다고 해도 그냥 그러라고 하네요"라고 한다. 담당 대리가 우리(고객)의 요청에 매우 무성의하더라는 것이다. 나중에 이 회사의 내부 사정을 조금 알게 되었다. 이미 인원별 KPI 평가가 거의 끝나서 그때 당시 실적은 그리 중요하지 않았던 것이다. 그러니 자신이 나서서 열심히 문제를 파악하고 풀고자 하는 의지가 없었던 것이다.

물론 그렇다고 해서 그렇게 무성의하게 고객을 대하는 태도는 좋지 않다. 사람은 돌고 돈다. 나중에 어디서 어떻게 만나게 될지 모른다. 실은 내가 그 회사의 고위 임원과 잘 아는 사이여서 '고자질'을 할 수도 있었다. 물론 그렇게는 하지 않았지만, 그런 태도가 자신의 성장에 결코 도움이 되지 않는 것은 자명하다. KPI는 조직에 소속되어 세일즈를 하는 세일즈맨에게도 영향을 미친다.

우리 회사의 직원들도 자신의 KPI에 매우 민감하게 반응한다. KPI에 영향을 미칠 만한 변화가 있으면 담당 매니저에게 그에 대해 이슈를 이야기한다. 사전에 설정된 조정 사유에 해당하거나, 합리적 사유에 대해서는 KPI 조정을 해준다. 전체적으로 KPI 전반에 영향을 미치는 사안이 있을 때는 회사나 직원들 모두 긴장한다. 이 글을 읽는 독자가 회사의 대표나 관리자라면 KPI를 섬세하게 챙길 필요가 있다.

고객

고객의 고객을 생각하라

"딸, 손 씻었어? 너는 왜 이렇게 손을 안 씻어? 학교 갔다 오면 손부터 씻어야지." 아빠는 딸에게 또 잔소리한다. 그러면 딸은 싫은 표정을 지으며 어쩔 수 없이 건성으로 손을 씻는다. 그런데 그다음에도 똑같은 일이 벌어진다. 아빠나 딸이나 그 반복적이고 싫은 말과 일을 왜 할까? 둘 다 단기 기억상실증에 걸린 것도 아니고 말이다. 아무리 좋은 거라도 귀찮은 거라면 하기 싫다. 누가 공부하면 시험을 잘 본다는 것을 몰라서 공부를 안 할까? 공부하기 싫으니까 안

하는 거다.

그런데 여기서 자신의 행동으로 영향을 받는 대상을 바꿔본다. 대상을 전환하는 것이다. 자신의 행동이 자신에게 미치는 영향이 아니라 타인에게 영향을 미친다는 것을 알림으로써 행동에 변화를 준 사례다. 사람들은 자신의 행동이 내가 아닌 3자, 특히 중요한 3자일 경우 더 책임감을 느끼게 된다.

애덤 그랜트의 『오리지널스』에서 소개된 일화를 보자. 한 병원에서 의사와 간호사들이 더 자주 손을 씻도록 권장할 필요가 있었다. 고심 끝에 화장실 비누와 물비누 분무기 근처에 다음과 같이 두 가지의 문구를 부서마다 나누어 붙여놓았다. '손을 깨끗이 씻으면 당신이 질병에 감염되는 것을 막아줍니다.'(A) '손을 깨끗이 씻으면 환자들이 질병에 감염되는 것을 막아줍니다.'(B)

그 후 2주에 걸쳐서 부서 내 구성원 한 사람이 의료진이 환자와 접촉하기 전과 후에 손을 씻은 횟수를 셌고, 독립적인 팀은 소모된 비누와 물비누 양을 측정했다. 실험 결과는 어땠을까? A표지판 쪽은 아무런 효과가 없었다. 한편 B표지판은 상당한 변화를 일으켰다. '당신' 대신 '환자'라고 한 단어만 바꾸었을 뿐인데, 의료진은 10퍼센트 더 자주 손을 씻었고, 비누와 물비누는 45퍼센트가 더 소모되었다.

고객의 고객으로 언어를 치환했을 때 어떤 효과를 낼 수 있을지 생각하게 하는 좋은 예다. "딸, 학교 갔다 와서 손을 안 씻으면 엄마나 언니가 아프게 될 수 있어. 그래도 괜찮을까?"라고 행동이 미치는 영향의 대상을 바꿔서 이야기해보자. 물론 효과가 오래 그리고 계속 지속될지 장담할 수는 없지만 분명 변화를 볼 수 있을 것이다.

우리 회사는 정기적으로 고객 만족도 조사를 하고, 고객의 감사 편지나 특별한 감사 표현을 받은 직원을 특별히 축하하고 회사의 감사장과 함께 포상한다. 그 감사장을 가장 많이 받은 직원은 지금 매니저로 승진했고, 회사에 더 많은 기여를 하고 있다. 회사가 직원에게 주고자 하는 인정의 메시지는 고객을 통해 가치가 몇 배로 늘어난다. 직원도 소중한 내부 고객이다. 고객이 전하는 감사와 인정을 내부 고객에게 전달한다.

고객의 고객을 보여주다

제이케이엘컴퍼니가 고객 발굴 프로젝트를 수행하고 클라이언트(제이케이엘컴퍼니의 고객)의 고객의 의견을 정리하고 분석해서 보고서로 정리해서 주면 클라이언트 담당자는 매우 고마워한다. "가격 할인보다 무료 시연에 관심이 훨씬 높아요." 그러면 그 담당자는 "고객(클라이언트 회사의 고객)이 이런 말도 했어요?"라며 놀라기도 한다. 자신은 전혀 생각하지 못하고 듣지 못했던 고객의 니즈를 알게 되기 때문이다. '그들(클라이언트 회사)의 고객'의 관심 분야는 평소 공급회사의 담당자로서 바라보던 제품에 대한 관점과 완전히 다르다. '그들의 고객'은 그들이 생각지도 못하는 것들을 불편해하고, 생각지도 못하는 기능을 원하기도 한다.

어떤 회사든 사람이든 비즈니스를 하는 곳이라면 고객이 있다. '그들'의 고객, 내가 고객으로 삼고 싶은 '그들'의 고객을 보고 내가 '그들'의 고객들의 목소리를 전달해준다는 것은 상당히 큰 의미가 있다. 왜냐하면 그들도 고객이 궁금하기 때문이다. 그들의 고객이 무슨 생각을 하고 있고, 무엇을 원하는지가 늘 궁금하다. 그것을 내가 알려준다는 것은 '그들(나의 고객)'의 고객에 대한 해답과도 같은 것이다.

고객의 목소리를 들어보셨나요?

커뮤니케이션 전문가 박영숙 대표(플레시먼힐러드·케첨코리아)가 고객의 언어를 위한 인터뷰에서 클라이언트 회사의 회장에게 던진 질문을 이야기해주었다. 클라이언트 회사는 외국계 대기업이다. 이 회사에는 한국에서 고객 배상 청구 소송이 상당히 크게 제기된 상황이었다. 그래서 그 클레임에 어떻게 대응해야 할지를 논의하는 어려운 자리에서 박영숙 대표는 클라이언트가 대응해야 할 고객의 마음을 정확히 전달하고자 질문을 던졌다.

"한국인의 한을 아십니까?" 이 질문은 질문이면서도 매우 간결하고 강력한 호소력을 가진 주장과도 같다. 한국인의 한을 알고 있는지, 그래서 그에 대해서 적절하게 대응하고 있다고 생각하는지를 묻고 잘 이해하고 대응해야 함을 함축적으로 주장하고 있다.

질문을 받은 상대방은 세계적인 글로벌 기업의 회장이니 내공도 상당할 거고 자주 접하기도 어려운 사람이다. 그런 사람에게 이런 질문을 던질 수 있는 박영숙 대표의 강단에 절로 감탄이 나왔다. 존경스럽다. 그 미팅은 매우 좋은 결과로 이어졌고, 클라이언트 회장의 긍정적인 답도 이끌어낼 수 있었다고 한다. '고객의 고객의 목소리를 들어보세요'라는 말보다 전달력 있는 '간결한 질문'을 해보자. "(당신의) 고객의 목소리를 들어보셨나요?"

Chapter 5

세일즈 프로가
말하는
거래의 기술

직설

"자산이 얼마입니까?"

7년 연속 판매왕을 달성한 보험 컨설턴트가 있다. 그를 만나 "판매왕이 되는 비결이 뭡니까?"라고 물어보니, 그는 이렇게 말했다. "저는 고객에게 '자산이 얼마입니까?'라고 대놓고 물어봅니다." 나는 믿을 수가 없어 정말이냐고 물었다. 그는 왜 빙빙 돌려서 물어보냐고, 어차피 고객의 기본적인 자산 현황을 알아야 재무 자문이 가능하다고 태연하게 답했다. 과연 이렇게 직설적으로 물어보는 세일즈맨에게 대답을 하는 고객은 어떤 마음일까 싶다.

그런데 가만 생각해보니 일리 있는 말이었다. 그는 보험 세일즈맨이 되기 전 제1금융권에서 잘나가는 은행원이었다. 그러다 보험 세일즈를 시작하고 보니, 알아야 할 게 너무 많았다. 그래서 3년 동안 자신의 돈도 투자해가면서 열심히 강의를 들으러 다녔다고 한다.

"아마 그동안 교육비로 쓴 돈이 수천만 원은 될 거예요." 그러고 나니 고객에게 다가갈 때 훨씬 자신감이 생겼다. 고객의 금융 자산 설계에 한 차원 높은 고급 자문이 가능하니 자신 있게 물을 수 있었다. 그렇다고 무작정 고객에게 자신의 설계를 따르라고 강요하지는 않는다. 선택은 고객의 몫으로 남기고, 설계는 상당히 정확히 전달하는 것이다.

고객이 전부터 해왔던 금융 투자 중에 좋은 것은 유지하도록 하고, 중복이나 손실이 되는 부분을 찾아 더 나은 선택지를 제안해준다. 그리고 그는 종종 더 좋은 금융상품을 찾아 우리나라보다 금융이 훨씬 발달한 홍콩을 자주 찾는다. 좋은 금융상품을 발견하면 우리나라에 가져와서 고객들에게 소개한다.

"아니, 아무리 그래도 고객을 만나자마자 갑자기 자산 현황을 물어보나요?" 내가 걱정스럽게 묻자 그는 웃으면서 "설마요. 그건 아니죠. 저도 그런 질문이 가능한 분들을 먼저 찾습니다. 그리고 가까이 다가갈 기회를 찾죠. 그다음 어느 정도 자연스러운 관계가 되었을 때, 그리고 상대방이 제 자문을 궁금해할 때 이야기를 꺼냅니다"라고 대답했다.

역시, 그랬다. 관계도 없는 사람에게 그렇게 대뜸 하는 질문은 몹시 도발적이다. 그런데 오히려 이런 자리가 마련되었는데도 망설이는 사람이 의외로 많다. '이런 거 물어봐도 될까?' '혹시 나를 싫어하면 어떡하지?' 걱정이 앞서서 시간만 보내는 경우가 많다. 직설 질문이 이럴 때 필요하다.

"(제가 당신의 자산을 늘려드릴 자신 있어서 그러는데) 자산이 얼마입니까?" 이렇게 물어보면 대부분 답을 한다고 한다. 이 보험 컨설턴트는 이 방법으로 지금도 계속 주위 사람에게서 좋은 소개를 받고 있고, 얼마 전에도 가족과 회사에서 보내주는 해외여행을 다녀왔다.

당신이 기어가는 목소리로 "죄송하지만, 잠시 시간을 내주실 수 있을까요? 잠깐이면 됩니다"라는 질문을 받았다. 당신이라면 이 사람에게 시간을 내주고 싶은가? 처음 만나는 자리에서 "저희가 반값에 해드리겠습니다. 기존 거래를 저희로 바꿔주십시오"라고 말하는 사람에게 거래를 주고 싶은가? 처음 만나는 자리에서 "과장님, 안녕하세요. 저는 한국 실업의 이기자 영업 대표입니다. 저희는 다수의 기업에서 솔루션 성능을 인정받고 있습니다. 유사 분야인 A, B 기업들도 최근 저희 고객이 되셨습니다. 이러한 사례를 공유하고자 하는데요. 대한기술은 최근 늘어나는 물류 관리를 어떻게 준비하고 계시는지요?"라고 질문하는 사람에게 기회를 주고 싶은가? 여러분은 이 세 사람 중 어떤 사람과 대화를 나누고 싶은가? 답은 아마 이미 내려졌을 것이다. 고객에게 전하는 자신 있는 톤의 직설 질문은 세일즈맨의 위상을 높여준다.

초집중

성패는 초반 30초에 달렸다

엘리베이터를 타고 가는 약 30초 동안 고객을 설득하는 간결한 '엘리베이터 피치elevator pitch'라는 세일즈 대화법이 있다. 고객이 초반 30초 동안에 내게 관심을 갖게 하는 것이다. 고객과의 만남에서 미팅 초반의 대화가 중요하기에 탄생한 전술이다. 그런데 내가 대기업 영업 사원 시절, 업체와 미팅에 간 본부장은 회사에 걸린 그림이나 사진을 소재 삼아 덕담을 30분 정도 하고 그다음 본론을 이야기했다. 잘 이해가 되지 않았고, '미팅을 왜 할까?' 하는 의문도 들었지만 신입 사원으로서는 그저 그게 세일즈 미팅의 기본인 줄 알았다.

 지금 다시 돌아보면 그때의 미팅들은 그다지 성과를 내지는 못했다. 본부장을 맞은 그 업체의 사장은 바쁜 시간을 쪼개서 만나고 있을 텐데 한가하게 그림이나 사진 이야기를 하는 것이 주제에 안 맞을 수 있을 것이다. 그게 예의라 생각해서 긴 시간을 덕담으로 할애한 본부장은 미팅의 목적은 이루지 못했다.

 그 당시도 그랬지만, 현재의 산업 흐름 속에서 미팅 어젠다에서 벗어난 내 위주의 덕담들은 성과에 좋은 영향을 주지 못한다. 미팅 초반 의제를 공유하고, 그에 충실하게 임팩트 있게 대화를 하고 효율적인 미팅으로 시간이 남는다면 그때 덕담을 하며 관계를 형성해가는 것도 좋겠다. 초반의 딱딱한 분위기를 깨기 위한 요소가 필요하다면, 고객과 관련된 주제로 짧게 질문하고 반응을 살피는 것이 좋다. 덕담에 초집중하는 것은 곤란하다.

 글로벌 보안업체의 한국 대표인 서현석 지사장은 "그간 했던 수많은 미팅을 잘 종합해서 보니, 초반에 중요한 힌트가 많이 나오더라"고 말한다. 그러면서 그는 미팅 '초반에 초집중'하는 전략을 쓴다. 그래서 그는 미팅을 미리 이미지화해보고, 초반에 얻은 힌트를 바탕으로 결정적 질문이 될 만한 것들을 준비한다.

예를 하나 들어 달라고 하니 "국내 은행 중의 한 곳과 미팅을 할 때였어요"라고 운을 뗀다. "클라우드 법안이 통과되었을 때라 '클라우드 준비가 가장 큰 화두인데요, 그에 따른 보안책을 어떻게 준비하고 계세요?' 하고 질문을 했죠. 이게 대부분 은행에 통했던 초반의 결정적 질문이 되었습니다"라며 웃는다.

이 질문은 정보를 담은 좋은 개방형 질문이기도 하다. 우리는 중요한 미팅 자리에서 어디에 집중해야 할 것인지를 많이 고민한다. 나는 서현석 지사장의 방식처럼 '초반 초집중'의 중요성을 설파하는 편이다. 미팅을 1시간 한다고 하면 1시간 내내 집중할 수 없다. 1시간 미팅을 하고 나와도 중요한 것을 놓치는 경우가 허다하다(그래서 미팅 후에 미팅 요약서를 정리해서 이메일로 참가자들에게 공유하는 것도 좋은 방법이다). 장시간 미팅을 하면 제대로 기억에 남는 건 얼마 안 된다. 그러다 보니 진짜 중요한 정보들은 초반에 나오는 경우가 많다. 따라서 특히 초반에 집중해서 중요한 요소를 획득하면 그다음 시간은 서로 여유를 갖고 대화를 할 수 있다. 서현석 지사장이 덧붙인 중요한 포인트가 한 가지 더 있다.

"제가 영업 사원들과 미팅 가서 참관해보면, 같은 질문을 해도 고객이 다르게 답하는 경우를 자주 보게 됩니다. 토씨 하나 다르지 않은 질문에 말이죠. 고객이 질문하는 사람을 보는 것 같아요. 영업 사원의 질문하는 뉘앙스, 아우라, 마음가짐 등을요. 형식적인 질문에는 형식적인 답변이 와요. 그런데 같은 질문이더라도 고객을 걱정하는 진정성이 담긴 질문에는 고객이 많이 알려줘요. 그 순간에 '케미'라는 게 맞춰지는 것 같아요. 그러고 나면 미팅 결과도 좋고, 결국 수주로 잘 이어집니다."

우리가 고객을 주시하듯이 고객도 우리를 주의 깊게 보고 있다. 우리의 태도나 질문의 느낌과 진정성을 함께 느끼는 거다. 그러니 어떻게 함부로 대하겠는가? 하지만 만나면 보통 1시간 정도 걸리는 비즈니스 미팅을 한다면 내내 초긴장 상태를 유지할 수 없으니, 초반에 집중하면서 고객의 관점에서 중요한 질문을 진정성을 담아 하는 것이 중요하다.

분류

가짜 고객을 버려라

보험 판매왕인 내 지인은 일을 시작할 때 제1과녁을 세운다. 이를 테면 이런 식이다. "나의 목표 고객은 중소기업을 운영하는 남성입니다." 처음부터 모든 고객을 다 잡겠다고 하지 말고, 목표를 작게 시작해서 그 목표에 해당하는 대상을 독점하다시피 한 다음, 고객의 범위를 넓히는 방법은 전략적인 세일즈의 철칙이다.

제이케이엘컴퍼니는 한 해에 약 5만 개 기업을 대상으로 이메일·전화 영업을 한다. 그다음으로 하는 일 중의 하나는 버리는 일이다. 그 작업이 내가 갈 곳을 정하는 것만큼이나 중요하다. 내가 가지 않을 곳, 버릴 곳, 우선순위가 떨어지는 곳 등을 정하는 일은 세일즈의 우선순위를 정해서 시간을 효율적으로 쓸 수 있도록 도와주기 때문이다.

대한민국에는 약 800만 개의 사업체가 있다. 그들이 다 내 고객이라고 말하고 싶겠지만, 이는 현실적으로 불가능에 가깝다. 특히 새로운 제품이나 새로운 비즈니스를 창업한 경우라면 더더욱 그렇다. 이럴 때 가장 필요한 건 무엇일까? 그렇다. 우선순위를 정하는 것이다. 그렇다면 어떤 고객이 나의 최우선 목표가 될 것인가? 목표를 하나만 정하면 될까? 물론 하나만 정해서 고객으로 만드는 데 성공하면 좋지만, 안 되면 그다음이 난감하다. 그래서 먼저 다수의 고객을 목표로 삼고 그중 잠재적으로 고객일 가능성이 큰 곳을 찾고, 가능성이 적은 고객을 걸러내는 작업이 필요하다. 그럼 고객을 남기고 거르는 기준은 어떻게 삼으면 될까? 느낌이 좋은 고객을 우선으로? 내게 친절하게 대한 고객을 우선으로?

지인이 보내준 유튜브 영상을 보니 사장으로 보이는 사람이 분통이 터져 상대방에게 이렇게 말한다. "넌 어쩌자고 덥석 30억이나 되는 돈을 거기다 투자한 거야? 뻘밭에, 응? 그 사람 뭘 보고?" 상대방이 전화에 대고 무어라 변명을 했는지 그다음 사장의 대사가 압권이다. "느낌이 좋았다고? 하아……너 그러지 말고, 일루 와라." 재미를 목적으로 만든 영상이지만 실제로 사람들은 의외로 느낌을 중시한다.

그러나 모든 선택을 감에 의지하지는 않는다. 고객도 그냥 느낌이 좋아서 우리 제품을 샀으면 좋겠지만, 막상 구매할 때는 위험 감지 신호가 작동하나 보다. 고객은 구매 의지가 생길 때부터 상당히 많은 것을 따지기 시작한다. 그렇다면 우리는 어떻게 그렇게 많은 불특정 다수의 고객을 보고 잠재적으로 고객이다, 고객이 아니다를 감별할까? 우선 아래 두 가지 사항을 체크해서 그 안에 들어오면 잠재 고객으로 분류할 수 있다.

1. 구매력이 있나? (그 제품을 사기에 적절한 돈이나 구매 잠재력이 있는가? 당장에는 돈이 없지만 가능한 대안들이 있을 수도 있다.)
2. 구체적인 구매 계획이 있나? (언제까지 구매하려고 한다는 구체적인 일정이 있으면 가장 좋다. 물론 내가 기다릴 수 없는 너무 먼 미래는 곤란하다.)

그다음으로 나머지 두 항목까지 체크해서 통과하면 내 고객이 될 가능성이 크다고 보면 된다.

3. 구매에 대한 구체적인 이유(니즈)가 있나? (막연하게 그냥 관심이 있어
   서는 곤란하다.)
4. 구매 결정에 어떤 역할을 하는 사람인가? (구매 과정에만 관여하고 구
   매 결정은 다른 사람이 할 수 있다. 누가 쓰고 누가 돈을 내는지가 중요하다.)

주의할 점은 '내게 친절하게 대해주고 웃어주는 느낌 좋은 사
람'이라고 해서 무조건 내 고객이 아니라는 것이다. 구매력과 구체
적인 니즈와 계획을 갖춘 의사결정자가 진짜 내 고객이다.

또한 명심할 게 하나 더 있다. 이번에 제외한 리스트가 영원히
버린 고객은 아니라는 것, 다만 우선순위에 따라 분류를 해두는 것
이다. 지금은 잠시 제외했지만, 다음에는 그 고객이 우선순위 고객
이 될 수 있다는 걸 기억하고 리스트를 잘 보관해야 한다. 데이터
관리는 고객을 잘 창출하고 유지·관리하는 데 매우 중요하다. 섬
세함으로 고객을 대하고, 언제 어떻게 다시 접촉할지 기록·관리하
며 실제로 계획을 행하는 것, 이것이 고객을 얻는 과정에서 핵심이
되는 과정이다. 단순해 보이지만 이 과정을 지속적으로 행하고 있
다면 분명 성공할 것이다.

포착

순간의 기회를 잡아라

후지필름 일렉트로닉이미징코리아 임훈 대표는 이전 회사에서 영업 대표로 S사에 영업을 하고 있을 때 일을 들려주었다. 잠재 고객인 H홈쇼핑 담당자와 술 한잔을 하게 되었다. 임훈 대표는 좋은 시간대와 조건으로 방송을 할 수 있게 H사의 담당자를 설득해야 한다. 두 사람이 술을 마시며 방송 이야기를 나누던 중 '고객의 필요'를 감지한 임 대표는 말했다.

"계약서 씁시다. 지금!"

임 대표는 술을 마시던 중 고객사의 니즈 포인트를 예리하게 감지했고 주사위를 던진 것이다. 고객은 임 대표가 던진 주사위를 받고 자신의 주사위를 더해서 던진다. "그럽시다!" 흔쾌히 승낙한 것은 물론이고, 그 자리에 있는 냅킨에다 '3회 방송 개런티, H홈쇼핑 10억 입금'이라고 계약서를 쓰는 것이다. H홈쇼핑 담당자가 냅킨에 계약서를 쓰게 된 배경에는 중요한 요소가 하나 있었다. 그는 매출이 필요했다. 임 대표는 술을 마시는 중에도 그 포인트를 포착한 것이다.

다음 날 출근해보니 재무팀에서 H홈쇼핑이 10억을 입금했는데 이게 뭐냐고 연락이 온다. 홈쇼핑 담당이 진짜로 입금을 한 거다. 그때부터 두 사람은 상세 조건을 만들기 시작했다. 임 대표의 고객사 H홈쇼핑은 그만큼 매출이 절실했던 것이다. 술자리에서 던진 한마디에 듣도 보도 못한 계약이 이루어졌다.

인터뷰를 하면서도 잘 믿기지 않아서 나는 임 사장에게 진짜 냅킨 계약이 가능하다고 생각했냐고 물어보았다. 그랬더니 그도 "현장에서 냅킨에 쓴 걸 가지고 다음 미팅에서 활용할 수 있겠다는 생각은 했는데 고객이 진짜 바로 다음날 입금할지는 몰랐다"고 했다. 대기업이니 당연히 품의를 했을 텐데, 그 정도로 절박하기도 했고 세일즈맨을 신뢰했던 것이라고 생각한다. '냅킨 계약서'가 가능했

던 것은 고객의 절실한 니즈가 있었기 때문이겠지만, 그 바탕에는
고객에 대한 신뢰를 기반으로 중요한 순간을 놓치지 않은 임 대표
의 주의력이 있었기 때문이리라.

05
구체화

구체적인 질문이 답변의 차이를 만든다

세일즈맨 A와 B가 고객에게 질문을 던졌다. "가장 큰 해결 과제는 무엇인가요?"(A) "현재 내부적으로 가장 큰 해결 과제는 무엇인가요?"(B) 두 사람의 질문 모두 상대방의 대답을 유도하는 개방형 질문이라는 공통점이 있지만, 두 질문에는 핵심적인 차이가 있다. 바로 B의 질문에는 '현재'라는 시기가 나오고 '내부적으로'라는 명확한 대상이 있다는 것이다.

제이케이엘컴퍼니에서 세일즈 대화를 분석해서 패턴을 추출하는 패턴 담당 PM의 분석 결과, A의 질문과 B의 질문에 따른 상대방의 대답 역시 달랐다. A의 질문에 대한 고객의 답은 대부분 일반적인 답변이었다고 한다. "네, 다들 비슷하죠, 뭐." "우리도 다른 데서 요즘 해결 과제로 설정하는 거, 그런 게 비슷하게 있죠." 이런 답변은 너무 모호하다. 그런데 B의 질문을 받은 고객들은 "네, 지금 클라우드 보안이 내부적으로 가장 큰 해결 과제죠", "네, 현재는 큰 과제는 아니지만 전사적으로 내년부터 클라우드로 시스템을 전환하는 데 신경 쓰고 있어요" 등의 구체적인 답변을 하더라는 것이다.

고객의 관점으로 질문을 구체화했을 때, 고객이 구체적으로 반응한다는 것을 알 수 있다. 우리가 고객들에게 내 제품을 어떻게 알리느냐를 고민할 때, 고객들은 자기들만의 고민거리를 안고 그것을 어떻게 해결할지에 대해 고민하고 있다. 따라서 한 번 더 고객이 고민하는 언어를 생각해보고 구체적으로 질문해보자. 이러한 시도는 고객의 답변을 주의 깊게 살피고, 중요한 고객의 언어들을 획득하는 계기가 된다. 구체적으로 얻고 싶다면, 구체적으로 질문하라.

"네, 다른 분들도 그런 고민을 많이 이야기하십니다. 그럼 부서별로는 어떻게 사용하실까요?"라고 고객의 답변을 받고 상세화해보자. 고객이 실컷 고민을 이야기해주었는데 "아, 그렇군요. 알겠습니다"라고 하고 끝내버리면, 고객은 '왜 물어본 거지?'라고 의아해하거나 심지어 기분 나빠 할 수도 있다. 질문은 대화를 위한 것이지 내가 얻고 싶은 답만 얻으면 되는 것이 아니다. 더 구체적인 질문은 고객의 더 깊은 고민과 정보를 얻을 기회가 된다. 고객의 고통은 나의 기회가 된다. 그 고통을 들어주고 솔루션을 제공하는 것이 세일즈의 역할이다.

훌륭한 세일즈는 고객이 마음 놓고 이야기할 수 있는 '고객 전담 주치의'다. 통증 치료 전문의인 선배의 이야기다. "환자가 와서 통증에 대해 이야기하고 내가 들어주기만 해도 환자들은 50퍼센트 정도는 고통이 줄어들었다고 느끼고, 또 그렇게 이야기해요." 유명한 의사들은 그 사람의 손이 스치기만 해도 환자들은 병이 낫는 거 같다고 하니, 고객이 내게 '고통을 털어놓을 수 있게 해주는 것'만으로도 속으로 얼마나 고마워하겠는가?

고객들이 고민을 안고 있지만, 우리가 지레짐작으로 '대답 안 할 거야'라고 생각하며 놓치기 쉬운 요소들이 있다. 그중 하나가 '기존 제품, 솔루션, 서비스 계약 기간'에 대한 것이다.

"기존에 사용하시는 제품은 언제까지 이용하세요?"라고 질문했을 때 의외로 많은 고객이 상세하게 답변을 해준다. 고객들도 그게 고민이기 때문이다. 지금 쓰는 서비스를 언제까지 사용해야 하지? 10년은 써야겠지? 20년 써도 되나? 다른 고객들은 언제까지 쓰지?

제품 제조사는 언제까지 서비스를 지원하지? 부품이 고장 나면 제조사가 언제까지 공급하지?

그러다 보니 세일즈맨의 질문에 대한 고객의 설명도 답변도 길다. 나는 그 답변을 통해 고객의 상품 사용 현황과 고민을 상세하게 알 수 있다. 언제 구입했고, 언제까지 무상 서비스 기간이고, 언제 이슈가 발생했는지 등의 정보를 얻게 된다. 이러한 정보는 세일즈의 중요한 포인트가 된다. 고객들이 답을 안 할 거라고 속단하지 말고, 고객 입장에서 궁금할 수 있는 거라면 철저하게 물어보자. 고객들이 답하지 않을 거라 속단하지 말고, 고객 입장에서 궁금할 만한 것이라면 구체적으로 물어보자. 고객이 마음 놓고 고통을 털어놓을 수 있게 하자.

용기

고객에게 길을 묻다

현재 미국계 글로벌 IT 기업인 어도비코리아의 고객 성공 총괄인 유재구 상무가 이전 회사에서 미디어 기업 담당 세일즈를 할 때였다. 원래는 다른 산업 분야의 영업 담당이었던 유 상무는 미디어라는 새로운 분야를 맡게 되니 낯설었다. 종사자들이 쓰는 표현도 낯설고 모든 게 생소했다. 공부하려고 책을 찾아보려 해도 어떤 것부터 봐야 할지 몰랐다. 고객을 만난다고 해도 무슨 말을 해야 할지도 모르겠고, 고객이 무슨 말을 할지도 모르는 난감한 상황이었다.

게다가 방송사는 소프트웨어를 돈 주고 안 사는 경향이 높아, 소프트웨어를 광고와 맞교환하자고 하는 경우가 대부분이었다. 그만큼 세일즈맨에게는 매우 척박한 토양이었던 셈이다. 그런 그가 미디어 담당자가 되어 처음으로 연락한 곳은 여의도에 있는 모 방송사였다. 그곳에서 방송기술 전문가를 알게 되어 미팅을 했는데, 고객의 첫 마디가 "왜 오셨어요? 방송은 좀 알아요?"라는 퉁명스러운 '인사'였다.

유 상무는 솔직하게 말했다. "모릅니다. 저 오늘 여기 처음 왔습니다." 그랬더니 그 실무자는 인제스트가 어쩌고 인코딩이 어쩌고 하면서 처음부터 끝까지 방송 전문용어를 늘어놓았다. 물론 유 상무는 하나도 못 알아들었다. 그렇게 한참을 말하던 실무자는 유 상무에게 "제 시간을 뺏지 말고 가서 공부하고 오세요"라는 말까지 했다고 한다. 미팅 시작 5분만이었다.

유 상무는 실무자에게 "뭘 공부하면 됩니까?"라고 물었다. 그랬더니 당장 "그건 당신이 알아서 해야지요"라는 대답이 돌아왔다. 하지만 유 상무는 끝까지 물고 늘어졌다. "그렇게 말씀하시면 저는 계속 아무것도 몰라서 차장님을 찾아올 텐데, 제가 자꾸 와서 시간을 허비시킬 거 아닙니까?" 결국 상대는 협력사 사장의 연락처를 알려주었다고 한다. 그리고 유 상무는 그날 바로 서점으로 갔다. 방송이라는 단어가 들어간 책들을 다 사서 읽었다. 협력사 사장을 만나서 이야기를 듣는 중에도 모르는 용어가 있을 때마다 적었고, 여의도 모 방송 종사자와 대화가 되려면 무엇을 중점적으로 알아야 하는지를 물었다.

협력사 사장은 그 방송사의 담당 차장이 인코딩과 아카이빙에 관심이 많다는 정보를 주었다. 유 상무는 철저하게 해당 분야를 공부해 처음 만났던 실무자를 찾아갔다. 그런데 이 두 번째 미팅에서 유 상무는 맥주를 얻어먹었다. 첫 미팅에서 그렇게 모욕을 주었기에 그다음에는 안 올 줄 알았다는데, 알고 보니 그 실무자는 방송국에서도 아주 괴팍하기로 소문난 인물이었다.

그러나 용기를 잃지 않고 끝까지 일을 밀고 나가는 유 상무의 태도가 마음에 들었던지 덕분에 유 상무는 미디어 세일즈 담당을 하는 동안 매년 그가 조직위원으로 있던 KOBA(국제방송음향조명기기 전시회)에서 발표자로 나설 기회를 얻었다. 이 경험을 바탕으로 유 상무는 방송 부문에서 전문가가 되어 방송통신위원회 자문위원까지 하게 되었고, 10년 넘게 스마트TV협회에서 발표자로 활동하고 있다.

유 상무가 고객의 "왜 오셨어요?"와 줄줄이 읊어대는 방송 전문 용어에 주눅 들어 다음 미팅을 포기했다면 어떻게 되었을까? 수많

은 성과나 가치를 얻지 못했음은 물론 지금의 자리에서 일하는 것
도 불가능했을 것이다.

성과를 얻는 세일즈맨이 되려면 늘 용기 있게 고객에게 물어볼
수 있어야 한다. "방금 말씀하신 게 무엇이었죠? 제가 지금 열심히
배우고 있으니 곧 도움을 드릴 수 있을 겁니다!" 처음에는 몰라도
용기만 있으면 된다. 고객도 아직 '처음이라 그렇지'라고 이해해줄
수 있기 때문이다. 하지만 고객이 했던 말을 정확히 이해하지 못한
채 나중에 시간이 지나 묻게 되면 그때는 '그동안 뭐한 거야?'라는
고객의 싸늘한 반응이 돌아올 수 있다.

재정의

패러다임 바꾸기

제이케이엘컴퍼니는 B2B 세일즈 회사로 인사이드 세일즈 방법론에 기반한 세일즈 아웃소싱 서비스를 제공한다. 이렇게 설명하면 독자 여러분 중 회사의 업무가 무엇인지 확실하게 알 수 있는 사람은 몇이나 될까? 아마 비슷한 분야에 일하는 사람이라면 쉽게 이해할 수 있을 것이고, 자신의 분야가 아닌 사람이라면 용어부터 낯설게 느껴질 것이다.

내가 제이케이엘컴퍼니를 설립했던 2011년 1월 당시에는 잠재 기업 고객들을 만나서 이야기할 때, B2B부터 설명을 해야 했다. "B2B? 그게 뭐예요?" 기업 대상 세일즈와 개인 대상 세일즈를 나눠서 한다는 생각조차 생소하던 때였기 때문이다. 회사도 모르는데 그런 사람들에게 이해가 안 되는 일을 알리는 것은 더 힘들었다.

그래서 나는 방법을 바꾸었다. 오랫동안 공을 들인 세일즈 메모들과 B2B 세일즈 방법론들을 정리해서 『B2B 이미 하면서도 당신만 모르는 세일즈』를 출판했다. 개정판까지 냈으니 전문 분야 책으로는 성공한 셈이다. 정리 안 된 메모와 콘텐츠를 책으로 만드는 과정은 상상 이상으로 힘들었지만, 이 책은 사람들이 제이케이엘컴퍼니와 우리의 업무를 새롭게 바라보게 했다. 그래서 지금은? 'B2B 세일즈는 다르게 해야 한다'는 것을 상당히 많은 사람이 알고 있고, B2B라는 용어는 심지어 식상해진 시대가 되었다.

그런데 인사이드 세일즈 서비스는 여전히 숙제였다. 내가 인사이드 세일즈를 이야기할 때 "그게 뭐죠?", "내부 세일즈를 말하는 건가요?"라고 묻는 고객들이 대부분이었다. '인사이드 세일즈'는 '필드(현장) 세일즈에 대비되는 개념인데, 고객을 직접 대면하지 않고 전화나 이메일 등의 수단을 통해 세일즈하는 것'이다. 그런데 이렇게 설명하면 "아, 그럼 콜센터인가요?"라고 물어보는 사람도 많았다.

여전히 인사이드 세일즈를 모르는 사람이 많고, 많은 기업(특히 국내 기업)의 세일즈나 마케팅 담당자들은 인사이드 세일즈에 대해 낯설어 하는 경우가 많았다. 그래서 나는 업무를 간결하게 정의하고 전달하기 시작했다.

"기업 고객을 찾아 드립니다"라고 우리의 업무에 대해 간결한 표현으로 마케팅을 하고 홍보하기 시작했다. 간결한 정의가 바탕이 되어, 인사이드 세일즈와 이 방법에 기초한 고객 프로파일링(담당자 확인, 고객 기초 정보 확인), 영업 기회(리드) 발굴 등을 이야기했을 때 바로 이해하는 사람이 많아졌다. 업무에 대한 이해도 높아지면서 필드 세일즈만으로 커버하기 어려운 다수 기업을 고객으로 확보하기 위한 고객들의 니즈도 커졌다.

그 결과 전보다 훨씬 많은 회사가 제이케이엘컴퍼니에 인사이드 세일즈 서비스 문의를 하고 있다. 직접 인사이드 세일즈를 운영하는 회사들도 우리 회사에 업무 의뢰를 하는 경우가 많은데, 그럴 경우 니즈가 매우 구체적이다. 그 회사에서 안 되는 것들을 우리에게 요청하기 때문이다. 세상의 흐름을 이해하고 그에 앞서 달려갈 때, 외로움과 어려움도 크지만 이렇게 내가 하는 일이 세상의 흐름이 되고 대세가 될 때 느껴지는 뿌듯함도 적지 않다.

이처럼 세상에 아직 나온 지 얼마 안 된 상품을 '정의'하는 일이란 쉽지 않다. 남들이 하는 방식대로가 아니라 내가 비즈니스 방식을 정의하려 하니 어찌 힘이 안 들겠는가? 하지만 그러한 업무의 재정의를 통해 시장의 판도를 바꾸는 것은 비즈니스를 내가 이끌고자 하는 방향으로 가게 하는 매우 중요한 전략 중의 하나다. 노력과 시간이 소요되고 돈도 들겠지만 방법적으로 완급이나 방식을 조절하면 큰돈을 들이지 않고도 가능하다.

초기에는 기존 방식을 따르거나, 앞서서 새로운 방식을 채택하는 분야에서 힘을 키우고, 전체적으로 새로운 방식을 계속 알리고 적용하는 것이다. 나는 선진 기법에 더 열려 있고 익숙한 외국계 IT 회사들에서 주로 고객을 확보하고 서비스를 전개해나가면서 힘을 키우고 국내 대기업이나 중소기업들로 확대해나갔다. 그러한 과정에서 지속적으로 기존 세일즈나 콜센터 방식과 차별점을 강조하고 차별화된 결과물을 제공했다.

이제 제이케이엘컴퍼니는 높은 품질의 결과물을 내면서 좋은 평판을 계속 쌓아나가고 있다. 제이케이엘컴퍼니가 약속하는 것 중 하나가 데이터 품질을 유지하고, 프로파일 기업 성공률(전체 기업 리스트에서 기업 담당자 정보 확보율) 40퍼센트 이상을 보증하는 것이다.

기업 세일즈를 해본 사람 중에는 그게 가능하냐고 반문하는 사람도 많다. 물론 어렵고 때로는 프로젝트 수행이 매우 힘들어 손실을 보는 경우도 있지만, 우리는 이 약속을 계속 유지한다. 그게 고객들이 제이케이엘컴퍼니에 업무 의뢰를 하는 이유 중 하나라는 것을 알기 때문이다.

08

다시

될 때까지 한다

실패를 모르고 살아온 인생은 거의 없을 것이다. 누구나 한 번쯤은 실패를 경험한다. 실패해본 적이 없다면 도전한 적도 없다는 것이라는 말도 있듯이 뭔가를 이루고자 하는 사람이라면 실패를 거치게 된다. 그리고 성공한 사람들을 보면 성공할 때까지 시도한 사람이 많다. 『오리지널스』의 저자 애덤 그랜트는 그 시도를 가리켜 "왕자를 찾을 때까지 개구리에게 입맞춤하기"라고 표현한다. 그렇다면 고객은 어디에 있을까? 그저 생각만 하고 있다가는 왕자가 바로 앞을 지나갈 수도 있다. 따라서 우리가 해야 할 일은 왕자를 직접 찾아나서는 것이다.

제이케이엘컴퍼니가 지금 이 자리까지 올 수 있었던 배경에는 왕자를 찾을 때까지 입맞춤을 시도하고 다닌 피땀 어린 노력이 있다. 내 비즈니스에 대한 신념은 지금이나 그때나 변함이 없지만, 회사 설립 초반 어디를 가야 고객을 만날 수 있는지 몰랐다. 우선 지인들을 찾아다녔지만 한계가 있었다. 지금 제이케이엘컴퍼니의 고객들은 내가 모르던 분이 훨씬 많다. 무슨 일이 일어난 걸까? 당연히 고객을 열심히 찾아다닌 결과다. 물론 그동안에 포럼도 2번 정도하고, 외부 세미나에도 참여하고, 전시회도 참여하는 과정이 있었다. 그런 노력 없이 회사가 계속 성장할 수는 없었을 것이다.

국내에는 제이케이엘컴퍼니처럼 인사이드 세일즈 서비스를 전문으로 다루는 회사가 없다. 경쟁이 격렬하지 않다는 유리한 조건이 있지만, 반대로 시장 형성이 어렵다는 큰 문제가 있었다. 지금은 우리 비즈니스가 많이 알려져서 여러 회사가 찾고 있지만, 알려지지 않은 영역이나 독특한 영역을 개척한다는 것은 여간 어려운 일이 아니다.

새로운 비즈니스나 솔루션, 제품이 있다면 고객이 아는 데 일반 제품보다 시간이 훨씬 더 오래 걸릴 수 있다. 그만큼 더 많은 노력이 필요하다. 제품이 좋으면 고객이 알아서 찾아올 것이라는 순진한 생각은 애초부터 하지 않는 게 좋다. 그것은 내가 다른 일을 하지 않고 가만히 앉아 있어도 먹고 살 수 있을 정도일 때 부릴 수 있는 여유일 뿐, 세상에 그런 일은 거의 없으니 꿈에서 깨는 게 좋다.

베토벤도 셰익스피어도 수많은 작품을 냈지만, 모두가 성공한 것은 아니다. '가왕'이라고 불리는 조용필은 정규앨범 19개를 발표했고, 발표한 노래는 200곡이 넘는다. 얼마 전 70세 가까운 나이에 50주년 콘서트를 했을 정도로 왕성한 활동을 한다. 그중 사람들에게 자주 불리는 히트곡은 10퍼센트 정도다. 물론 그 숫자도 낮은 것은 아니지만, 그의 성공 비결 중 하나는 활발한 활동이었다.

나는 늘 고객의 거부를 가정한다. 그리고 그 거부를 예상하고 극복하기 위해 질문과 시나리오를 세우고 개선해나가는 과정을 계속 수행해나간다. 그렇게 해서 왕자뿐만이 아니라 '왕자들'을 찾아낸다. 새로운 고객을 만나러 가는 과정에서 우리는 필수적으로 거절이라는 단계를 겪는다. 고객의 거절이 두려워서 만나러 가지 않는다면 은행 잔고도 비고 돈을 마련하지도 못하는 이도저도 안 되는 상황을 맞이할 가능성이 매우 크다.

무엇이 더 두려운가? 고객의 거절인가 아니면 고객이 없는 것인가? 답을 내렸다면, 고객에게 가야 한다. 나를 거부할 고객이라 해도 말이다. 고객이 말하는 거절의 언어가 타당하면 들어주고 더 노력해서 다시 찾아갈 거고 타당하지 않다면 '극복해주겠다'고 다짐해야 한다.

고객의 거부는 대부분 자연적인 자기 방어적 거부일 때가 90퍼센트 이상이다. 그렇기에 나는 첫 번째 거절은 상당히 자연스러운 것으로 간주하고 "네, 그런 말씀을 하시는 분이 많습니다. 그런데 최근 고객이 이렇게 혜택을 누리고 계십니다"라고 설명한다. 그러면 거부는 관심으로 바뀐다.

맬컴 글래드웰이 『아웃라이어』에서 소개한 미국 버클리대학 수학 교수 앨런 쉰펠트는 수학에 재능보다 태도가 중요하다고 말한다. 시도하고자 하면 수학을 마스터할 수 있다는 이야기다. 성공은 대개 보통 사람이 30초 만에 포기하는 것을 22분간 붙잡고 늘어지는 끈기와 지구력, 의지의 산물이다. 갑자기 무슨 수학 이야기냐고 생각할 것이다.

엉덩이로 공부한다는 말을 혹시 아는가? 이것은 끈기와 시간에 대한 이야기다. 수학 공부에 대한 논리가 세일즈에도 통하는 통계가 있다. 우리가 '예술 영역은 뭔가 다를 것이다'라고 생각하는 미술시장에서조차 고객이 그림을 구매하는 데 걸리는 과정은 일반 시장과 크게 다르지 않다.

제프리 폭스는 『레인메이커』에서 그림이 팔리는 데까지 필요한 세일즈 횟수를 소개한다. 미술시장에서 고객이 그림을 구매하기까지 평균적으로 14회 정도의 세일즈 접촉이 필요하다고 한다. 즉, 13회까지만 세일즈 접근과 시도를 했다면, 실패로 끝났을 확률이 높다는 이야기다. 오늘 미술작품을 살 잠재 고객을 처음 만났다면 고객과 접촉 횟수는 13회 더 남았다고 보면 된다.

고객과의 첫 만남은 정말 중요하지만, 그만큼 앞으로의 여정도 중요하다. 그 여정에서 고객에게 어떻게 진정성을 갖고 접촉하고 정보를 제공하고 니즈를 확인하고 충족시키는지에 따라 구매로 이어지거나 그렇지 않게 될 수 있다. 고객의 거절보다 무서운 것은 시간이 지나도 고객이 없는 것이다. 시도하고 또 시도하라. 성공할 때까지 시도하라.

반전

셀프 디스의 힘

제이케이엘컴퍼니에는 주주이자 자문단 역할을 하는 분야별(철학, 투자, 기술, 세일즈, 네트워킹 등) 전문가들이 있다. 그중 김형철 교수는 이 자문단이 모이는 미팅에서 종종 머리에 빛이 번쩍 나는 이야기를 해주신다. "고객을 설득하고 싶은가요?" "네!" "그럼 '셀프 디스'를 하세요." "네?"

이 대화는 자문단 미팅에서 김 교수가 전해준 '셀프 디스self dis' 라는 통찰이다. 내 장점만 이야기하면 듣는 사람은 '또 잘났고 좋고 뭐 그런 이야기겠지'라고 생각하지만, 반대로 단점을 이야기하면 심리적 방어막이 해제되면서 '어? 이게 뭐지?'라고 생각하며 상대방에게 높이 쳐놓은 울타리를 내린다. 고객들의 머릿속에는 늘 상 오는 세일즈맨들의 뻔한 멘트들을 예상하고 있을 때, 정반대의 이야기를 들으면 일단은 놀란다. 그러면서 관심이 가게 된다. 이건 뭔가 다르네? "저를 선택하지 않을 이유를 말씀드리겠습니다"라는 말에 고객의 심리적 방어막은 자연적으로 내려간다.

어차피 뻔한 이야기는 뻔한 결과로 이어진다. 그런데 뻔하지 않게 남들과 다른 점을 이야기한다는 것은 쉽지 않다. 의사, 변호사, 회계사 등 지적 수준이 높다고 할 수 있는 전문직 종사자들에게 "당신은 무엇이 다른가요? 어느 분야를 제일 잘하세요?"라고 물어보면 대부분 "다 잘해요"라고 한다.

'그럼 다른 의사와 뭐가 다르다는 거지?' '그 많은 치과의사 중에 이곳은 무엇을 제일 잘하는 거지?' '무엇이 특별하지?' '다른 사람에게 이곳을 소개해주려면 뭐라고 이야기를 해야 하지?' '다 잘한다고 이야기를 해도 되나?'

이렇게 다 잘하고 다 할 줄 안다고 했을 때 오히려 부정적인 느낌이 더 많이 든다. 보통 사람들에게 무엇을 잘하는지를 물어보면 이것저것 맡겨주면 다 잘한다고 이야기한다. 스스로 특별한 차이

점을 찾아보면 막상 그렇게 특별해 보이지도 않는다. 그런데도 자기에게 맡기면 잘한다고 한다. 그렇다면 왜 그에게 일을 맡겨야 하고, 왜 물건을 사야 하는 걸까? 다 잘한다는 말은 특별하지 않다는 말과 같다.

수천억 원 이상의 금융상품을 판매하는 금융 회사 한국 영업 대표인 친구가 고객 앞에 앉았다. 고객은 그가 전부터 알고 지낸 대형 은행 고위 임원이다. 이 임원은 투자 관련 의사결정을 내리는 사람이다. 내 친구는 그 당시 회사를 옮겨서 인사도 나눌 겸 은행을 방문했다.

"그 회사 금융상품은 뭐가 좀 다른가?"라는 임원의 질문에 "뭐, 크게 다르겠어요? 비슷하죠"라고 내 친구는 셀프 디스 하며 그분의 반응을 살폈다. 평소 같으면 이러이러한 점이 장점이라고 이야기했을 텐데 셀프 디스의 효력을 보고 싶었다고 했다. 그런데 의외의 반응을 경험하게 되었다. "그래도 뭔가 다르지 않겠어? 한 2,000억 정도 진행해보자." 몇천 억이 왔다 갔다 하는 거래에 내 친구도 그 임원도 참 통이 크다.

나의 차별점, 특별히 다른 점을 찾기 어렵다면 자신의 단점을 이야기해보자. 고객에게 이야기할 단점들을 찾다 보면 단점이 무수하게 많이 나오겠지만, 반대로 내 제품을 사야 할 이유도 발견할 수 있다. 셀프 '디스'를 하는 과정 자체가 놀랍다. 생각지도 못했던 관점들을 발견하게 된다.

'고객 입장에서는 이게 불편해서 안 산다고 하겠구나', '고객들이 정보를 확인하는 홈페이지나 온라인 블로그를 개선해야겠네', '이 기능은 고객 입장에서는 크게 눈에 띄지 않겠네', '이 장점은 오히려 단점이 되네' 등 전혀 생각하지 못했던 것을 발견하게 된다. 이렇게 셀프 디스 과정에서 고객이 살 이유를 발견하지 못했다면 다시 한번 제품을 들여다볼 필요가 있다.

그 정도의 제품이라면 팔아서야 되겠는가? 팔고 나서도 고객 클레임을 받아야 할 거고, 고객들의 신뢰를 잃고 비즈니스의 문을 닫아야 할 수도 있다. 비즈니스맨이나 세일즈맨은 제품을 판매해야 먹고사니 좋다고 생각하는 기능들을 열거한다. 문제는 그렇게 해서는 고객이 차별점을 느끼지도 않고 살 이유가 없기에, 고객을 얻기 어렵다는 것이다.

요즘 고객들은 나보다 많은 정보를 가지고 있는 경우가 많다. 그들 앞에서 어설프게 특별하지 않은 몇 가지 기능만을 열거하면 그 결과는 뻔하다. 고객을 놀라게 해야 한다. 그래서 때로 셀프 디스라는 전략이 좋을 수 있다. 뻔한 자기 자랑을 늘어놓는 사람보다 훨씬 진실하고 남다르게 보일 수 있다. 고객은 스스로 단점을 이야기하는 사람에게 무장을 해제한다.

애덤 그랜트의 『오리지널스』에서도 셀프 디스 전략과 같은 반전의 힘이 투자 유치에서 멋진 결과를 낸 좋은 사례를 소개했다. 온라인 잡지 『배블Babble』의 창업자 루퍼스 그리스컴은 2009년 벤처 투자자들을 대상으로 투자설명회를 할 때, 기업가들이 그동안 해온 방식과 정반대의 방식을 사용했다. 그리스컴은 자기 기업에 투자해서는 안 되는 5가지 이유를 담은 슬라이드를 투자자들에게 보여주었다.

투자자들은 투자를 승인할 이유를 찾고 있는데, 그리스컴은 오히려 투자를 거절해야 할 이유를 친절하게 설명해주었으니 투자를 받지 못해야 하는데, 그는 성공했다. 모두 장점을 이야기하는데 반대로 단점들을 열거한 그리스컴의 파격적인 접근 방식은 통했고, 그해 330만 달러의 투자 자금을 유치했다. 그는 2차 투자 유치를 할 때도 이 방법을 디즈니에 썼고, 역시 통했다. 디즈니는 4,000만 달러에 그 기업을 인수했다.

셀프 디스는 마케팅에서도 통한다. 마케팅의 아버지라 불리는 필립 코틀러가 『포지셔닝』에서 소개한 유명한 에이비스AVIS의 "우리는 2등입니다. 그래서 더 노력합니다"라고 광고했던 사례는 '셀프 디스'의 하나라고 볼 수 있다. 허츠Hertz가 부동의 1위 자리를 지키고 있던 렌터카 시장에서 솔직히 '에이비스가 렌터카 업계 2등이라는 사실'을 전달하며 셀프 '디스'한 전략이 통했다. 이 셀프 디스 전략은 광고 집행 후 1년 만의 '흑자 전환, 시장 점유율 3배 이상 증가'라는 결과를 가져다주었다.

극복

결핍이라는 축복

우리나라에서도 유명한 인류학자인 재러드 다이아몬드의 『나와 세계』에 이런 구절이 나온다. "코스타리카는 가난이라는 축복을 받았지만, 이웃 국가들은 풍요라는 저주를 받았다." 코스타리카는 과거 중앙아메리카 지역에서 엘살바도르, 온두라스, 니카라과 등 이웃 국가보다 가난한 나라였다. 주변 지역의 다른 나라들이 천연자원이라는 축복으로 부를 누린 반면, 코스타리카는 민주주의를 정착시키고 엄중한 법과 제도를 바탕으로 국민 모두 함께 땀 흘려 일했다.

그 결과 코스타리카는 중앙아메리카에서 가장 부유한 국가가 되었다. 1960년대에 한국, 가나, 필리핀은 모두 가난한 나라였다. 그러나 지금 한국은 세계 10대 경제대국이 된 반면 자연자원 부유국 가나와 필리핀은 여전히 가난하다. 한국이 이룬 경제 기적은 한국인들의 근면 성실함이 바탕이 되었음은 이미 널리 알려진 사실이다.

우리나라는 2000년 즈음 조선업계 세계 1위로 올라선 후 거의 10년 정도 독주체제를 이어왔다. 전 세계적으로 독과점을 걱정할 정도였다. 그런데 한국에 앞서 한때 세계 조선 시장을 석권했던 나라가 있다. 바로 일본이다. 위상이 드높던 일본의 조선업이 몰락한 근본적인 이유는 일본이 만든 '표준선'이라는 개념 때문이다. 표준선은 말 그대로 '표준 구성을 맞춘 배'다. 일본은 일단 표준적인 배를 만들고 나서 '싸게 줄 테니 사라'는 방식의 세일즈를 선택했다.

일본의 조선업은 주문자들의 요구에 대응하는 데 소극적이었고, 한국은 정반대로 고객이 원하는 조건을 갖춘 '맞춤선'을 만들어 고객의 환영을 받았다. 즉, 고객의 언어를 듣기만 한다고 해서 되는 것이 아니다. 고객의 언어를 들었다면 적극적으로 대응해야 한다. 아무리 잘나가던 회사나 개인도 고객의 말을 무시하고 내가 우수하니 살 테면 사고 싫으면 관두라는 식으로 대응하면 망하는 것은 순식간이다. 내가 과연 고객의 말을 잘 듣고 있고 고객의 언어를 제대로 이해하고 실천하고 있는지 수시로 들여다봐야 한다. 고객의 언어와 그에 대한 대응은 비즈니스 생존의 필수 요소다.

국가도, 산업 시스템도, 큰 기업도, 변하는 고객에 대응하지 않고 현재 가진 것에 안주하고 고객이 아닌 자기(제품) 중심적 기준으로 비즈니스를 하면 언제든 깊은 수렁에 빠질 수 있다. 하물며 '나'라는 개인은 치열한 생존 경쟁 앞에서 얼마나 연약한 존재인가?

고객의 언어는 내가 듣지 않을 때는 그저 고언古言이다. 옛날 말이다. 지나간 말이다. 심지어 읽을 수도 없다. 그때 듣지 못하고 나중에 '아차' 하고 깨닫게 되면, 고객의 언어는 고언苦言이 된다. 아픈 말이다. '왜 그때 듣지 못했을까?' 하고 아픔을 준다는 뜻이다. 그러나 내가 듣기 시작하면 고객의 언어는 고언高言이 된다. 이 언어는 높은 언어다. 고객보다 낮은 수준에서 이해하려고 하면 들리지 않는다. 모르면 알고자 노력해야 한다.

우리는 부단히 고객의 언어를 듣고 이해하려고 노력하고 행동해야 한다. 아무리 강조해도 지나치지 않다. 듣고도 행하지 않으면 아무 의미가 없다. 고객이 이야기해준 좋은 이야기는 귀담아듣고 기록하고 관리하고, 나를 더욱 개선해야 한다. 그러면 여러분은 적어도 많은 고객 옆에 있을 것이다. 고객이 찾을 것이기 때문이다.

우리에게는 아직 '고객의 언어 결핍'이라는 축복이 있다. 우리는 그 결핍을 채워나가며 더욱 크게 성공할 것이다. 고객의 언어, 마음으로 듣고 행하자.

맺음말
경청의 힘

서구권에서는 아이들을 키울 때 '이거 하지 마라', '저거 하지 마라' 하지 않고 어느 정도의 위험에 노출시킨다고 한다. 아이들끼리 놀다가 넘어져서 깨지고 아파봐야, 심하게 장난치면 안 된다는 것을 배우기 때문이라고 한다. 불에 데어 봐야 불의 뜨거움을 안다고 하지 않는가.

비즈니스가 계속 내림세로 가고, 수많은 거절에 영혼이 너덜너덜해지면 세일즈맨도 정신적·물질적으로 탈진하기 직전에 이른다. 새벽이 가장 춥다고 했던가? 해가 뜨기 전이 가장 어둡다고 했던가? 내일 아침 해 뜨는 시각은 말해주지만, 삶은 나의 가장 어려운 순간이 언제인지를 말해주지 않는다. 그게 삶의 묘미인 걸까?

몇 해 전 나는 잠자리에서 일어나는 게 싫고 두려웠다. 나는 21층 아파트 집 베란다가 두려웠다. 빨래를 널기 위해 베란다에 나갔을 때 누가 나를 바닥으로 잡아당기는 것 같았다. 가족과의 삶도 좋지 않았다. 아내는 늘 남편이자 아이들의 아빠에 대한 결핍과 불만이 교차하고 있었다. 대화도 안 되고, 도와주는 것도 거의 없으니 그럴 수밖에 없었다. 아이들도 아빠와 보내는 시간이 적다 보니 늘 아쉬워하면서도 엄마 옆에만 가려고 했다. 회사에서는 내일을 걱정하며 바쁘게 지내지만, 직원들을 보면 걱정도 없고 한가로워 보였다. 회사에서나 집에서나 나는 외로웠다. 그 고리를 끊고 싶었지만 쉽지 않았다. 몸도 마음도 거의 거덜이 난 상태였다. 가족도 회사의 실적도 '상실' 상태였다.

그렇게 어느 바닥인 줄 모르고 내려갔더니 희미하게 길이 보이기 시작했다. 절실하게 출구를 찾고 있었고, 길을 보고 싶다고 간절하게 기도했던 것 같다. 뭔가 소중한 것을 잃고 사는 내 모습이 보이고, 이렇게 살아서는 안 되겠다고, 변화해야겠다고 생각했다. 나 혼자서 처리하던 회사의 업무를 분야별로 매니저들에게 나누어주고 중요한 부분들을 선별해서 챙기기 시작했다. 물론 쉽지는 않았지만 믿고 맡기면서 그들의 이야기를 귀담아 들으려고 노력했다.

"오늘도 아빠는 회사 가지?"라며 주말 아침 눈을 비비며 아빠를 보내던 여섯 살 딸아이를 보고, 가족과 함께 적어도 한 달에 한 번은 꼭 여행을 가기로 마음을 먹고 실천에 옮겼다. 아내와 관계도 회복하려고 여러 가지 노력을 하고 또 실패하고 노력하면서 조금씩 나아갔다. 잃고 난 후 복구하는 데는, 그러한 상실이 있기 전보다 몇 곱절의 시간과 노력이 필요하다. 대신에 얻은 것도 있다. 소중한 사람들의 가치를 더 절실하게 깨닫게 되었다. 삶이 크게 달라지지는 않았지만, 이제 좀더 근본적인 것을 보기 시작한 느낌이다. 사람을 움직이고 사람이 감동하고 내 삶에 좋은 영향을 미치게 되는 이유를 조금이나마 알게 된 것 같다.

지금 나는 그때보다 조금 더 나이를 먹었고 더 많은 고객 경험을 하게 되었다. 고객과 사람들을 대하는 마음가짐이나 태도가 조금 더 고객 쪽에 있게 되었다. 나는 고객의 이야기를 듣고 그들의 언어를 더 연구하기 시작했다. 그리고 고객도 파트너도 훨씬 많아졌다. 나는 이제 고객을 파트너라 부르기 시작했고, 그들은 내 삶의 파트너가 되었다. 그렇게 내가 그들을 대하는 방식도 달라졌지만, 고객도 나를 대하는 방식에 변화가 생겼다. 서로 존중하는 느낌이다.

우리는 성공과 실패의 원인을 먼 데서 찾으려고 할 때가 많다. 행복이 어디에 있을까 찾아다녔더니 결국 우리 집 처마 밑에 있더라는 말이 있다. 비즈니스의 성공을 추구하면서 결국 가까이 있는 고객의 언어를 놓치는 경우가 많다. 언어는 우리 인간이 함께 살아가는 중요한 방식 중 하나다. 이 언어가 바로 우리의 삶이다. 그 삶을 잃지 말고 들여다볼 수 있는 계기가 되기를 바란다.

인터넷에서 본 어느 고등학교 1학년 교실의 멋진 급훈이다. "스스로 깨면 병아리, 남이 깨면 프라이." '나'라는 알에서 나오려면 '고객을 알아야 한다.' 고객의 언어를 들으며 스스로 깨우치고 고객을 개척하는 세일즈를 하자. 남이 알아낸 고객의 언어를 들으며 '프라이'가 되지는 말자.

고객의 언어

ⓒ 이진국, 2020

초판 1쇄 2020년 5월 11일 펴냄
초판 2쇄 2021년 10월 5일 펴냄

지은이 | 이진국
펴낸이 | 이태준

기획·편집 | 박상문, 고여림
디자인 | 최진영
관리 | 최수향
인쇄·제본 | (주)삼신문화

펴낸곳 | 북카라반
출판등록 | 제17-332호 2002년 10월 18일

주소 | (04037) 서울시 마포구 양화로7길 6-16 서교제일빌딩 3층
전화 | 02-325-6364
팩스 | 02-474-1413
www.inmul.co.kr | cntbooks@gmail.com

ISBN 979-11-6005-081-3 03320
값 14,000원

이 도서의 국립중앙도서관 출판시도서목록(CIP)은 서지정보유통지원시스템 홈페이지
(http://seoji.nl.go.kr)와 국가자료공동목록시스템(http://www.nl.go.kr/kolisnet)에서
이용하실 수 있습니다. (CIP제어번호: CIP2020016126)